The Sacred Sites Bible

世界の聖地
バイブル

パワースポット＆スピリチュアルスポットのガイド決定版

アンソニー・テイラー 著
鈴木宏子 訳

聖地一覧

目 次

はじめに

農耕が始まる時代より前に生きていた人々は文書を残していないため、当時の生活はほとんど分かっていない。しかし1つ確かなことがある。彼らは神性について感じる深い意識を持っていたという事実だ。歴史学者によると紀元前1万年頃には、アフリカ・アジア・ヨーロッパ・南北アメリカ・オセアニアなど、地球上で氷結していない土地のほぼ全域に人類が定住していたという。そして創世神話が生まれ、天界や地下に住む神々の話などが今に伝わっている。新石器時代の人々にとっては地球そのものが神聖な存在だったのだろう。あらゆる場所に常に神がいて世界を作りあげていたのだ。

アナング族ははるか昔、紀元前1万年頃から中央オーストラリアに居住している。アナング族に口伝される創世神話では、最初の祖先が訪れて初めて地球が形作られたことになっている。オーストラリア神話に登場する"ドリームタイム(夢幻時代)"、祖先たちが形のない地球にやってきてそこここで狩りをし、遊び、闘い、愛を交わすうちに今のような地形が生まれたという。またその神話にはアナング族が敬ってやまない川や洞窟や、カタジュタやウルルなどの巨大岩について語られている。岩に触れ洞窟で神聖な儀式を行うことでアナング族は神と直接触れあ

デビルズタワー。昔からアメリカ先住民の信仰の対象で、先住民には"ベアズロッジ"と呼ばれる。

キャロウキールにある最古の羨道墳には5000年以上昔のものもある。

い、自らと一族に加護を得たのだった。

普遍的テーマ

土地そのもの、または主要な地勢を尊ぶ信仰は文明のごく初期から世界各地で見られる。アメリカ先住民はワイオミングのデビルズタワーやオレゴン州のクレーターレイクなど、信仰対象である地形ができるまでの神話を語りつたえている。インドの初期ヒンドゥー教では、神格化されているガンジス川やヤムナー川が誕生するまでの話が生まれた。ヨーロッパの古代ギリシャでは当時知られていた世界の最高峰オリンポス山に住むという神々のパンテオンが建てられた。また大洞窟でのゼウス誕生など創世神話も作られ、ここからクレタ島のイダ山に初期神殿が建築されることになった。古代日本の神道では森が特に神聖視され、神々が地に降りたった聖地の印として檜を切り、富士山の麓と伊勢近くの森に最初の神社を建てた。そこでは今なお幾多の神々が信仰されている。

5000余年昔の新石器時代、北部ヨーロッパに暮らしていた人々は土と岩で不思議なモニュメントを建築し始めた。これは神聖なスポットと見なされ、重要な宗教儀式の場としても利用されたようだ。アイルランドでは人工の墳丘の上下に精巧な石碑が建てられ、ナウスやニューグレンジ、キャロウキールなどの聖地となった。イングランドでは遠距離から巨石が運ばれてストーンヘンジという驚くべき環状列石群が作られた。またフランスのカルナックには約1.6kmに渡って巨大な立石が並んでいる。

当初、これらの巨石群は単なる埋葬地だとされていた。しかし最近の天文考古学の進歩により、配置が太陽や月、星々と完璧に合っている事実が解明されている。これらの神聖な遺跡で行われた儀式についてはほとんど分かっていない。しかし石の多くに刻まれた象

マチュピチュのインカ都市。緑が茂る谷のはるか上に位置し、雪を頂く山が見晴かせる。

形文字から、当時の生活で中心的な存在だった太陽や惑星、星の動きについて詳細な知識を備えていたことがうかがえる。また偶然と片づけてよいのかどうか、ほぼ同時期にはるか遠くのエジプトで巨大な石製ピラミッドが建造された。圧倒的な存在感を誇るこの遺跡も最初は死者の墳墓の遺跡だと思われていたが、最近は別の用途があったと考える学者が増えている。象徴的な死を経て生き神として復活する秘儀参入の地だったというのだ。こういう神聖なモニュメントがある場所では生と死の神秘にまつわる真実が啓示されていたという説も有力だ。

およそ3000年後、中南米の先住民が石材で大きな都市を建造し始めた。チチェンイツァやテノチティトラン、後にマチュピチュにピラミッドを造ったばかりか、石材を切り出して象形文字を刻み、やはり天体の運行に合わせて配置したのである。さらに北方、北米ではワイオミングのアメリカ先住民がシンプルな石でメディスンホイールを作った。これはヨーロッパ北部のストーンサークルと驚くほど形状が似通っている。オハイオ州のアデナ文化では蛇状の墳丘が作られたが、これはイングランド南部のエイヴバリーにあるストーンサークルをぬうように並んで立てられた巨石群が表す蛇形、そしてカンボジアのアンコールワット遺跡にヒンドゥー教徒が彫刻した巨大な蛇ヴァースキと似ていなくもない。

神への崇拝

かつて世界中で同じ知恵とシンボリズムを共有していたのに、近代の歴史の流れの中でそれが失われてしまったようでもある。この原因の1つは中東で登場した一神教だろう。この唯一の創造神を奉じる宗教はユダヤ教やイスラム教、キリスト教に見られるアブラハム信仰を生み出し、アブラハム信仰は近代西欧世界でスタンダードとなる感性を形作った。ほぼ同時期、東洋の生活の中心に据えられていた諸々の神々は道教や仏教、ヒンドゥー教などの組織化された教義に基づく宗教に取って代わられた。こちらでは唯一の創造神よりも深遠な悟りを重視し、個人が自分の中で神性を感じるという形を取った。ここに至って至高神はただ1人となり、至高神の言葉はあまたの預言者や聖人、グル、神秘家を通して語られ、また聖典に記され、異論を唱える余地は失われてしまう。以来、信者にとって人の姿を借りた不死の神である神聖な人々、すなわちモーセや老子、イエス、聖母マリア、仏陀、ムハン

岸壁を彫刻した大足石刻は美しい仏教彫刻。

左：ヒマラヤ山の急な岸壁すれすれに座するタクツァン僧院。息をのむような光景。

右：ヴァラナシを流れるガンジス川に身を浸して祈るヒンドゥー教巡礼者。

マドなどとの結びつき故に神聖視されることはあっても、土地そのものが神聖視されることはなくなる。

ユダヤ教徒はエルサレムのシナイ山を、道教信者は中国の聖山を、キリスト教徒はベツレヘムの聖誕教会を敬う。仏教徒はインドのルンビニやブッダガヤ、クシナラなどの聖地を、イスラム教徒はサウジアラビアのメッカやメディナといった都市を尊ぶ。これら至聖の地には美しい寺院や壮麗な聖堂、贅沢なモスクが建てられ、巡礼の拠点として重要性を増していく。中世以降、キリスト教巡礼者はスペインのサンチアゴ・デ・コンポステラに押し寄せて使徒ヤコブの遺物を参拝する。ヒンドゥー教の巡礼者はヴァラナシ（ベナレス）を流れるガンジスの川岸に大挙して訪れ、シヴァを崇める。イスラム教シーア派はカルバラーに大勢集まって殉教者イマーム・フセインを讃える。

スピリチュアリティの探究

主要な信仰が広まるにつれ、神と預言者を奉じる寺院も規模を増した。ヨーロッパではフランスやイタリア、スペイン、ドイツに大聖堂が作られた。多くはイエスと使徒の遺物を収めるためだ。アラビアではムハンマドが生前を過ごし最期を迎えた場所に巨大なモスクが建設された。

チベットではダライ・ラマの住まいとして巨大なポタラ宮殿が建造された。ミャンマーのバガンには仏陀の4度の転生を讃える巨大な寺院群がある。また正統派の信仰が勢力を強めるとともに、霊的な真理を守り神と直接対話できない平信徒に伝える役割を担う聖職者の地位も向上した。世界中で修道院が増え始め、献身的な男女が奉仕活動に生涯を捧げた。聖地として選ばれるのは、奇跡や御姿の“出現”など大事が起きた場所だけではない。瞑想や祈りを促す環境も聖地となる。英国の初期キリスト教ではリンディスファーン、アイオナ、デヴニシュなどが神聖な島として選ばれた。景観の美しさに加えて静かで人里から遠く隔たっていたためだ。極東の修道院はチベットのサムイェー寺やブータンのタクツァン僧院などのように近づくのも困難な山の中に作られることが多かった。そこで僧は俗世間の喧噪から遮断され、無人の地で座って静かに永遠の真理について瞑想できたのである。

現在、西欧の主要な信仰がスキャンダルや政略、ナショナリズムに巻きこまれたせいで若い人たちが宗教から離れている。しかし彼らにしても精神的な探求心はしぼんではいないし、スピリチュアルな体験をもたらす場所を訪れたいという願いも消えていない。それがアジア・アメリカ・オーストラリアの壮大な地形や、エジプトのピラミッド、イングランドのグラストンベリートァ、アイルランドのタラ丘、中米の神聖な石造りの都市など聖地の再評価につながった。今や多くの人が各地を訪れ、インドのヒンドゥー教寺院、東南アジアにある仏教の美しい僧房、イランおよびイラクに建てられた豪華なシーア派モスクなど外国文化の聖地を見て感嘆す

ブッダガヤの大菩提寺前に集まる仏教徒の巡礼者。

る時代なのだ。

どんな本でも世界中の聖地を公平に取り上げるなど無理だろう。しかし本書では取り分け心打たれ、視覚的にすばらしく、愛されてやまない場所を見ていただけるべくベストをつくした。読者自らが訪れたくなっていただければこれ以上の幸いはない。

息をのむような景観を見せるラリベラの教会。岩場から直接切り出されている。

地形

漢拏山（はるらさん）

場所	韓国、済州島
精神的伝統	済州
関係する神	ソルムンデハルマング
時代	紀元前1000年
観光時期	通年

済州島は朝鮮半島の南、日本の西方に位置し、朝鮮海峡に浮かぶ不思議な火山島だ。“トルハルバン（石爺さん）”という玄武岩製の像が無数にある。この美しい島の主役は済州島に昔から住む人々が敬ってやまない聖山の漢拏山だ。

済州島に伝わる神話によれば、創世女神であるソルムンデハルマングが7回鋤で土を盛って漢拏山を作ったという。ある日ソルムンデハルマングは500人の我が子のために巨大な釜一杯のスープをこしらえたが、誤ってその中に落ちて溺れてしまった。息子たちは知らずにスープを平らげたが、末っ子によって経緯を知った兄たちは泣きに泣いてとうとう石になったという。

漢拏山は島の中央に位置し、標高はほぼ2000m、韓国の最高峰である。中央クレーターには湖があって何百もの精霊が住むという。山の下方には仏教の石窟寺院があり、特別なヒーリングパワーを備えるとされる。しかし漢拏山の一番の特長は、かつて木々の茂る斜面一帯に生えていた神聖なキノコだ。これは精神作用を持つベニテングダケという毒キノコだという説が一般的である。昔から漢拏山には特別な霊的パワーがあるといわれるが、おそらくこのキノコを摂取して見えた幻覚のせいだろう。古代中国でも“聖なる島”と称され、漢拏山が強力な力で天の川を大地に引き寄せたという神話も語り伝えられている。

島中に見られるトルハルバンの他にも、石を積み重ねた丸い小塔があちこちにある。これはパンサダ（防邪塔）と呼ばれ、地元民が邪霊を追い払い不運から身を守るために立てたものだ。しかるべき場所に設置することが重要とされ、霊的エネルギーが滞っていると風水師が指摘した所に置かれる。

また済州島の火山岩内には世界最大規模の溶岩洞が伸びている。サムソンヒョル（三姓穴）は地下に枝分かれして伸びる溶岩洞で、穴が3つあり、中に入ることも可能。島民はその先が神々が住まう秘密の国に通じていると信じている。

済州島のあちこちにトルハルバンが置かれている。“石爺さん”の名の通り、その昔に老人を象って玄武岩を彫ったもの。

ウルル／エアーズロック

場所	オーストラリア、ノーザンテリトリー
精神的伝統	アボリジニのドリームタイム
関係する神	ジュクリジャ／ワパリジャ
時代	有史以前
観光時期	通年。ただし4月／5月の涼しい時期がベスト。儀式のために立ち入りが禁止されることもある

ウルルは中央オーストラリアのノーザンテリトリーの平原からそびえる巨大な砂岩の丘で、ヨーロッパからの移住者はエアーズロックと呼んだ。外周は9kmを越え、高さは地表から340m。しかも岩の下にはまだ大きな塊が続いている。

何万年も前からウルルは周辺に住むピチャンチャチャラ族とヤンクンチャチャラ族にとって神聖な地であり、現在も彼らは美しく情感豊かな絵でその表面を飾り、アナング(オーストラリア先住民)に昔から伝わる霊的伝統に従っている。外部の人間はこの伝統をドリームタイム(夢幻時代)と呼んだりもする。

アナング神話によれば最初の祖先が現れて地上を旅し、行く先々で印を残して初めて世界が形を取ったという。その旅は中央オーストラリアから始まり、ウルルの崖・横穴・峡谷・侵食痕はすべて創世時代の足跡であるといわれ、ウルルはアナングの聖地でも重要極まりない地となった。ウルルの主な地形にはドリームタイムにまつわる神話があり、成人式を迎えたアナングの若者に伝えられ、通常は外部の人間に明かされることはない。アナング族の間では、ウルルの上で祭儀を行うことでドリームタイム――物質的実相の下にあるスピリチュアルな実相――と直接コンタクトできるとされている。今なおこの地には創世に関わったジュクリジャまたはワパリジャという祖先の魂が住んでいて、昔からの知恵を若い世代に伝えるのもアナング族の務めだという。

現代、ウルルを訪れた人が一番驚くのは時刻または季節による色の変化だろう。日没時には赤みを帯びた深いオレンジ色に輝き、雨上がりには黒い縞の入ったメタリックな灰青色に見える。

アナング族は岩に刻まれたドリームタイムの道筋の霊的な意味を守りたいと願っているが、それを無視し、危険を冒してウルルに登る観光客も多い。アナング族はウルル登山による死傷者が出ることを非常に悲しむ。

オーストラリア先住民が神聖視する美しい岩。スピリチュアルな線刻画や絵で飾られてきた。

グランドキャニオン

場所	米国、アリゾナ州
精神的伝統	アメリカ先住民ホピ族
時代	有史以前
観光時期	通年

アリゾナ州北部にあるグランドキャニオンは自然界でも指折りの絶景だ。450km以上に渡って壮大な渓谷が続き、深さは2km程に達する。岩が連なるこの巨大な谷は500万年以上かけてコロラド川が侵食して作られたものだ。アメリカ先住民の聖地でもあり、祖先の霊が住まうと信じられている。

グランドキャニオンには人間が定住していた痕跡があり、洞窟の生活跡は紀元前2000年程にまで年代をさかのぼることができる。数千年前に現在のホピ族の祖先が居住していたことは分かっているが、なぜか（長期の渇水のためと思われる）12～13世紀頃にグランドキャニオンを去っている。1540年、ホピ族の案内でスペインのコンキスタドール達が初めてグランドキャニオンを訪れたが底までは下りなかった。おそらく、あまりにも神聖な地をスペイン人に歩かせるわけにはいかないと判断した案内人が下の川までの道を明かさなかったためだろう。再びヨーロッパ人が同地を訪れたのは200年以上たってからだ。2人のスペイン人司祭が兵士に助けられつつ北方の縁を探索し、ニューメキシコからカリフォルニアまでの道を見つけ出した。

19世紀後半になるとグランドキャニオンの天然資源への期待が高まり、1901年にはグランドキャニオン鉄道が敷かれた。しかし大自然の驚異に打たれた人々の間で評判が広がり、鉱業ではなく観光の地として栄えるようになるのに時間はかからなかった。ルーズヴェルト大統領は1903年にグランドキャニオンを訪れて後の世代まで手つかずで残すよう公式に求め、これが1916年のグランドキャニオン国立公園指定につながった。現在、毎年何百万人もの人々が訪れている。

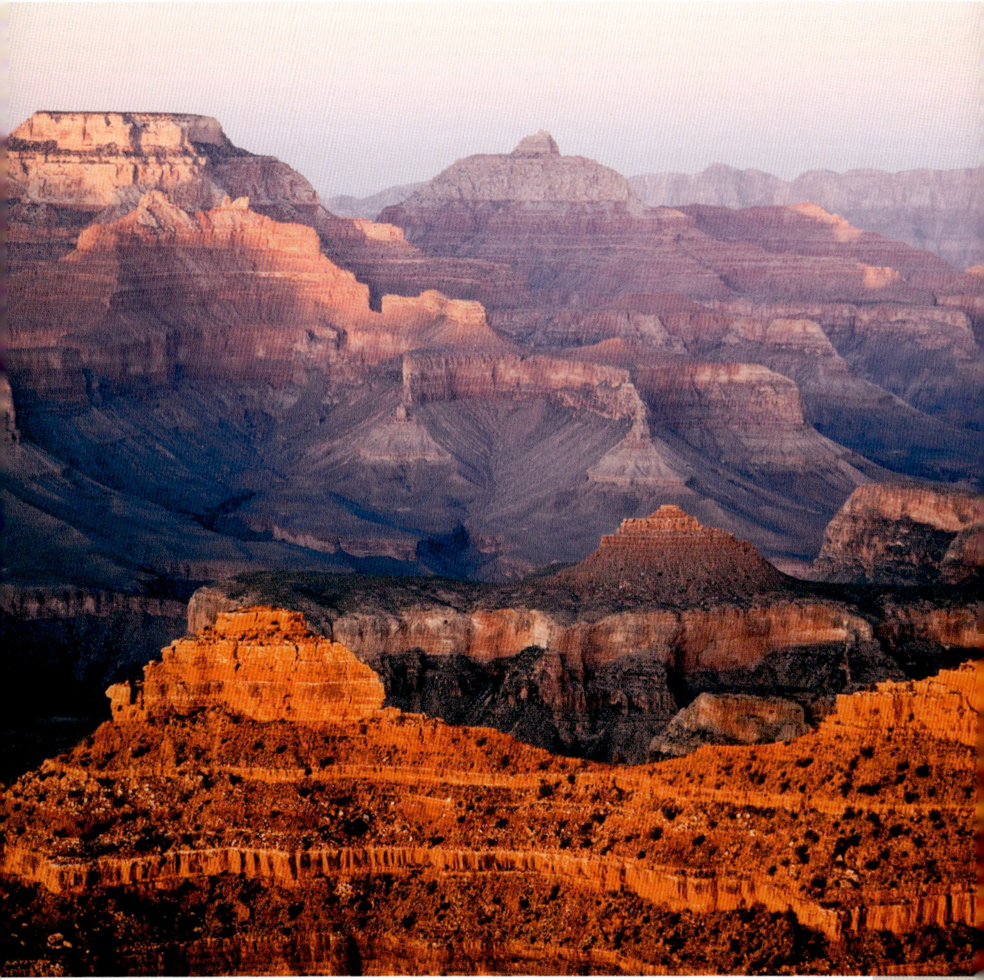

グランドキャニオンは何千年もの昔からアメリカ先住民にとっての聖地だった。現在も毎年500万人近い人々が世界中から訪れる。

デビルズタワー

場所	米国、ワイオミング州
精神的伝統	アメリカ先住民
関係する動物	熊
時代	三畳紀
観光時期	通年。ただし6月のロッククライミングは自粛が求められている

デビルズタワーはワイオミング州北東部、ブラックヒルズを流れるベルフーシュ川の近くにそびえ立つ巨大な岩のモノリスだ。石膏で覆われた火成岩の塊で高さ380m以上にもなる。1906年にルーズヴェルト大統領が絶景として米国初のナショナルモニュメントに指定した。

ヨーロッパからの移住者が定住するはるか昔から多くのアメリカ先住民部族が聖地として崇めていた。シャイアン族とクロー族は“ベアズロッジ《熊の宿》”、ラコタ族は“グリズリーベアズロッジ”、アラパホー族は“ベアズティピー”と呼び、熊との強い霊的結びつきが重要視されていた。最近になってアメリカ先住民がデビルズタワーから改名しようとしたが叶わなかった。

地元の部族には“ベアズロッジ”の誕生について多くの伝説が伝わっている。スー族の古い話によると、年若い2人の少女が川岸で花を摘んでいた時に腹を空かせた熊に襲われた。怯える少女を憐れんだグレートスピリットが地面を持ちあげ、残された熊は下で岩を引っかいた。その時に爪痕が今も岩に残る深い溝として刻まれたという。

毎年アメリカ先住民がこの地を訪れてスエットロッジやヴィジョンクエスト、祈祷、サンダンス《太陽踊り》などの祭儀を行う。最も重要な儀式は夏期に行うのが伝統であるため、儀式の妨げにならないよう6月はロッククライミングの自粛が求められる。この自主的な禁則に反対する登山家や登山用品メーカーもあるが、連邦裁判所判事によりユニークな判決が下されて自粛が続いている。政府は宗教儀式を守る義務があり、これは米国憲法修正第1条に抵触しないと判断されたのだ。

“ベアズロッジ”はアメリカ先住民にとって非常に神聖な地。今なお祭祀が行われている。

グラストンベリートァ

場所	イングランド、グラストンベリー
精神的伝統	ケルト多神教
時代	有史以前
観光時期	通年

グラストンベリートァはイングランド南西部サマセット州の緑に覆われた平原の中、神秘的なたたずまいを見せる小高い神聖な丘だ。頂上には屋根のない石塔がそびえる。これは1275年に地震で壊れた教会を14世紀初頭に建て直した聖ミカエル教会の跡だ。

現代の考古学者によってトァから新石器時代の道具が発見されており、人類の歴史が始まった頃から人々が聖地として訪れていたことがうかがえる。およそ2000年程前までは周囲が沼地だったためトァは小島のように見えたらしい。アーサー王とグィネビア王妃が最後にたどり着いて安息を得た古代のアヴァロン島だと信じる人が多いのはそのためだろう。ケルト神話によればアヴァロンには冥界の支配者にして妖精の王であるグイン・アプ・ヌッドゥが住まうという。ここから現在でもケルトの多神教信者はグラストンベリートァを妖精界への入り口と考え、祭祀を行い妖精とコンタクトするためにトァを訪れる。

トァは自然にできた地形だが遠目にもわかる段丘になっている。ジェフリー・ラッセルによるとこの段が巨大ならせん状の迷路を構成しており、歩いて登ることで頂上への神聖な旅になるのだという。全部で7つある段がトァを囲んでいるが、これは多くの新石器時代の遺跡に見られるパターンでもある。

また発掘によって5世紀の砦跡が発見されていて南北方向に埋葬された2つの墓があることから聖ミカエル教会が建設される前は多神教の地だったことがうかがえる。1539年、グラストンベリー最後の大修道院長であるリチャード・ホワイティングが絞首刑になり、手足を縛られて四裂きにされるという恐ろしい処刑が行われた。以来、教会は閉鎖されてしまう。

現在は様々な信仰を持つ人々、また観光客が訪れて四方に遠く広がる美しい眺めを楽しんでいる。トァの裾には謎めいたチャリスウェルガーデンがあり、聖なる泉から赤い水が湧き出ている。赤い水はキリストの血だともいわれる。ここは訪れた人々がトァに登った跡で休息を取り、冷えたおいしい水を飲んでリフレッシュできる特別なサンクチュアリだ。目をこらせばもしかしたら妖精が見られるかもしれない。

多くのニューエイジ運動でイングランドでも指折りの不可思議な聖所だとされるトァ。

カシャカツゥエ

場所	米国、ニューメキシコ州
精神的伝統	コチティプエブロのアメリカ先住民
時代	有史以前
観光時期	日中のみ。祭儀のために立ち入り禁止になることがある

カシャカツゥエは"テントロック国有記念物"とも呼ばれ、ニューエイジ運動の中心地として賑わうサンタフェから約60km南方に下った所、コチティプエブロ族が住む土地内にあり、昔から神聖視されてきた。砂漠に林立するこの砂岩の塔は自然にできた地形で驚きを禁じ得ない。

この聖地は壮大な谷と不思議な円錐形のテントロックからなる。テントロックは何百万年もかけて固い火成岩から柔らかい層が侵食されて形成されたものだ。小さいものは高さ約1mだが大きな岩では30m程にもなる。ほとんどのテントロックは円錐形の石でできた帽子のようなものを頂いており、これが下の構造（フードゥー）を保護している。フードゥーは軽石と固い凝灰岩（軽い多孔質の岩）で覆われているため、所々にのぞくグレーの縞以外はピンク～ベージュ色に見える。火山性ガラスのかけらが

表面に埋めこまれているせいで近くで見ると非常に美しい。

考古学的な証拠により、この地にアメリカ先住民が定住したのは少なくとも4000年前であることが分かっている。14世紀には今のコチティプエブロ族の祖先によって大きなプエブロ(村)が作られた。現在、カシャカツゥエ周辺の土地に住むコチティ族は1000人に満たない。外部からの大きな影響にも関わらず、彼らは今なおアメリカ先住民式の統治法を遵守し、民族衣装をまとい、儀式や古代より伝わる祭儀を執り行う。現在コチティ族はカシャカツゥエへの訪問を快く受け入れているが、これに当たってはいくつもの規則を守らねばならない。カシャカツゥエを訪れる場合は徒歩で行く。つまり入り口から2km程をトレッキングする必要がある。犬と携帯電話は禁止。訪れる際は礼儀正しい態度を取ること。特に先住民が祭儀を行っている場面に出会ったら丁重に。コチティ族はカシャカツゥエの近くで神話を再現するダンスを踊る風習があり、見てもよいが邪魔をしてはいけない。また拍手も禁物である。

カシャカツゥエのテントロックは地元のコチティ族にとっての聖地。米国南西部にある天然の地形でも指折りの奇観だ。

アトス山

場所	ギリシャ、マケドニア
精神的伝統	古代ギリシャの秘教、東方正教会キリスト教
時代	3世紀（東方正教会）
観光時期	通年。ただし男性は許可を得て入り、女性は入れない

アトス山は岩場が多く緑深い2000mをわずかに越える高さの山で、地中海に突き出すハルキディキ半島の東端にある。ハルキディキ半島自体山々が連なる地帯だ。アトス山は古代ギリシャ神話でも重要な位置を占めるほか、20もの東方正教会の修道院を擁する。

ギリシャ神話ではアトスがゼウス（またはポセイドン）に岩を投げつけ、それをゼウスがマケドニア近くの地にたたきつけたところアトス山になったといわれる。また太陽神アポロがダフネに恋をしていい寄ったが、ダフネは嫌がってアトス山に逃げ、自らの名を大きな港につけたという。

キリスト教にもアトス山にまつわる話がある。聖母マリアと使徒ヨハネ（キリストの十二人の弟子の1人）がキプロスのラザロに会いに行く途中、嵐にあってクレメントの港に流された。聖母マリアがアトス山をすっかり気に入ってしまったので神がプレゼントした。以来アトス山は聖母マリアの庭であり、他の女性は立ち入りを禁じられているのだという。11世紀には東方正教会の修道士が聖母マリアに敬意を表して港近くにイヴィロン修道院を建てている。

おそらく3世紀には既にキリスト教修道士がアトス山に定住していたと考えられている。人里離れた環境が神との霊的交流にうってつけだったからだ。4世紀初期にはキリスト教徒と多神教教徒が共存していたという考古学的痕跡もある。4世紀後半になるとキリスト教教会は破壊され、その後テオドシウスI世（383～395）の統治下ではほとんどの多神教神殿が取り壊されて教会が修復された。9世紀、バシレイオス1世が修道士にのみアトスへの入山を許すという命を出し、今も遵守されている。

アトス山は聖母マリアに捧げられており、他の女性は入山を禁じられている。

クレーターレイク

場所	米国、オレゴン州
精神的伝統	アメリカ先住民クラマス族
時代	紀元前4600年頃
観光時期	通年。ただし冬期は大雪対策が必要

クレーターレイクは米国北西部のカスケード山脈にある、オレゴン州クレーターレイク国立公園の目玉だ。透明度抜群で息をのむような青をたたえる湖の湖床は火成岩で深さは600mに達する。木々に覆われた高低様々な山々に囲まれ、湖の美しい色と手つかずの自然美はまさに一見の価値ありだ。

昔からクレーターレイクはアメリカ先住民のクラマス族にとっての聖地だった。湖は7000年前、大きな火山であるマザマ山が急激に隆起・陥没して形成された。クラマス族はそれ以前に定住していたらしい。クラマス族の間には天空の神スケルと冥界の神ラオが激しく戦い、その時にマザマ山が崩れて湖ができたという神話が残っている。

アメリカ先住民以外の目に初めて触れたのは1853年のことで、偶然やってきた金鉱探鉱者が湖を発見した。その後10年もしないうちに米国への移住者らが自分の目で美しい湖を見ようと貨物用馬車で遠路をいとわず押し寄せるようになる。残っている話によれば、クレーターレイクを見た多くの人々が息をのむような静寂と神々しさにひれ伏して涙をこぼしたという。

クレーターレイクでは水中を上下に動く木柱がよく見られる。この木は“湖のオールドマン”と呼ばれる。冷たい水流によって腐敗することなく100年以上も保存され、のんびりと水中を漂っているそうだ。

長い間、アメリカ先住民はクレーターレイクを畏怖して近くには行かないとされていたが、これは正しくない。むしろ湖ははるか昔からヴィジョンクエストの重要な地であり、現在も祭儀などの用途に利用されている。時々アメリカ先住民が冷たい水の中を泳いでいるが、これはシャーマン的なパワーを得る意図があってのことだ。

クレーターレイクはアメリカ先住民のクラマス族にとっての聖地。ヴィジョンクエストなどの祭儀を行う。

オリンポス山

場所	マケドニア国境近く
精神的伝統	古代ギリシャの多神教
関係する神	オリンポスの12神
時代	紀元前700年
観光時期	通年

オリンポス山は海面とふもとから3000mほどの高さでギリシャの最高峰であり、裾野から頂上までの高さではヨーロッパ全体でも指折の山だ。古代ヘレニズム世界のオリンポス12神の住まう所として有名で、詩人のホメロスが紀元前700年頃に記した『イリアッド』と『オデュッセイア』にも登場している。

オリンポス山が神話に登場する実際の山だとされたのはおそらくホメロスの時代から何世紀もたってからだろう。現在、この山にまつわる記録などはほとんどないが、洞窟や岩場の斜面に生える木の下に最初に居を構えた隠者がこの地に特別なパワーがあると考えたのはその雰囲気故であって、オリンポスの神々が実際に住んでいたからではなさそうだ。

強大なオリンポス神の王はゼウスで、オリンポス山の王座に妻のヘラやたくさんの子供——太陽神アポロ、純潔の狩りの女神アルテミス、戦争神アレス、戦いの女神アテナ、有翼の使者ヘルメス、愛と情欲の女神アフロディテ、芸術に結びつけられる鍛冶の神ヘファイストスを従えて座っている。ゼウスの姉で大地の女神デメテル、炉の女神ヘスティアもオリンポスに住んでいたといわれる。またゼウスの兄で海の王ポセイドン、冥界の王のハデスもオリンポスの神々だ。

キリスト教が勃興するに従ってオリンポス山は至高の聖山という特別な地位を失っていく。隠者は立ち去り古代秘教信者が山腹の森に集って祭儀を行うこともなくなった。しかし今になって再び訪れる人が増えている。旅行客も求道者も等しく麓のリトホロという町から山へと出かけていく。

聖山オリンポスの頂上はかつてオリンポス12神の住まう所だった。

アグン山

場所	インドネシア、バリ島
精神的伝統	バリ島のヒンドゥー教
関係する神	シヴァ
時代	1000年
観光時期	通年

アグン山は活火山で、インドネシアのバリ島で最も高い山だ。完璧なまでの円錐形をした厳かな山で、バリで最も神聖な場所として世界的に認められている。多くの寺院や祀堂を擁し、その中にはなだらかな斜面に立つ重要なブサキ寺院(プナタランアグン寺院)もある。

バリヒンドゥー教の伝統によると、パシュパティ神（シヴァ）がスメール山——ブラフマーと諸天が住まうと語り伝えられている所——を打ち、その時に飛び散ったかけらが地上に落ちてアグン山になったという。チベット仏教やジャイナ教、ボン教の信徒もアグン山が至高の聖所であると信じている。

ブサキ寺院は1000年以上前にアグン山の斜面、標高1000mの位置に建てられた。スメール山を模した塔が中央の庭にそびえて海を見下ろしている。ブラフマーとヴィシュヌ、シヴァを象徴する3つの寺院があるが、シヴァ神への帰依者は3神とも同じ神の化身だと考えている。現在、様々な信仰を持つ巡礼者がブサキ寺院に参拝に来る。他のヒンドゥー教寺院とは違ってブサキ寺院はカースト全階級の参拝を迎え入れる。

アグン山のさらに上には中心的なプナタランアグン寺院に関わる寺院がもう2つある。ブラフマーを祭るキドゥリン・クレテッ寺院とヴィシュヌを祭るバトゥ・マデッ寺院だ。

アグン山は1963年に噴火し、深い火口から巨大な煙柱が吹き出し、北方の斜面を溶岩が流れ落ちた。その後大爆発が起こって大小の岩石が吹き上げられ、山腹に落ちて大きな被害をもたらした。溶岩の流れが速さを増していくつもの村を直撃し、1500人以上の死者が出た。奇跡的にプナタランアグン寺院はわずか数mのところで被害を逃れ、バリの人々が建てた寺を守るためにシヴァ神が手を差しのべたのだと噂された。

アグン山は活火山で仏教徒やヒンドゥー教徒、
ジャイナ教徒、ボン教徒に崇拝されている。

カタジュタ／オルガ岩群

場所	オーストラリア、ノーザンテリトリー
精神的伝統	アボリジニのドリームタイム
時代	有史以前
観光時期	通年。ただし4～5月の涼しい時期がベスト

カタジュタはオーストラリアのアボリジニの言葉で“たくさんの頭”という意味で、オーストラリア中央、ノーザンテリトリーの平原から盛り上がる36個のドーム形の奇岩群だ。一番背の高い岩はマウントオルガで地表から460m程、ヨーロッパで呼ばれる“オルガ岩群”という名はこの岩に由来する。

カタジュタの面積は28平方kmに渡る。しかもこの巨大な岩群は、地中のさらに大きな岩塊が顔をのぞかせているごく一部でしかない。花崗岩の分厚い層で覆われたカタジュタは天気や時刻によってドラマティックに色を変える。大部分は赤色だが、雲が垂れこめて雨が降るとあっという間に青みを帯びた黒色に変化する。

ウルル（参照→p.18～19）や周辺のコナー山とともに、2万年以上前から付近に定住しているアナング族の至聖の地と考えてよいだろう。アナング族のド

リームタイム神話によると創世時に彼らの祖先が形のない地上を歩き回り、その中で現在ある地形の様々な特徴が形作られたという。丘や川、湖、谷はこの古代の道程を物語るものと信じられているのだ。ドリームタイムとの結びつきを取り戻すために、アナング族は祖先の歩んだ道をたどりながら祭儀を行う。そのため、どうしても聖地から別の聖地へと移動しなければならない。この伝統の中で非常に重要視されるのがカタジュタだ。彼らはカタジュタに着くと歌をうたい神聖なダンスを踊って精霊を招き、自らとその部族への祝福を祈る。

カタジュタは先住民のアナング族の聖地。アナング族の祭儀も行われる。

カイラス山

場所	中国、チベット
精神的伝統	ヒンドゥー教、仏教、ジャイナ教、アイヤーヴァリ教、ボン教
関係する神	シヴァ、コルロデムチョク、リシャバ、シパイメン
時代	紀元前4500〜2500年
観光時期	カイラス山は至聖地とされ登山は禁止

カイラス山はチベット西部ヒマラヤ山脈の山頂だ。高さ6600m以上、インダス川、サトレジ川、ブラマプトラ川、そしてネパールを流れてインドでガンジス川に合流するガガラ川など東洋で非常に神聖視されるいくつかの川の水源近くにある。その頂上はヒンドゥー教や仏教、ジャイナ教、アイヤーヴァリ教(19世紀にインド南部で興ったヒンドゥー教の一派)、ボン教の教徒らにとっての聖所だ。

ヒンドゥー教の分派ではシヴァ神と妻のパールヴァティが住むとされている。またカイラス山がシヴァのリンガ(男根)であり、近くのマナサロワール湖がパールヴァティのヨーニ(女陰)だと信じる者もいる。カイラス山は世界の霊的中心だとされているのだ。

チベット仏教ではカイラス山が知恵と慈悲の化身、3つ目の神コルロデムチョクの家だと考えられ、はるか昔にコルロデムチョクがシヴァ神と戦って頂上からシヴァを追い出したことになっている。

ジャイナ教ではジャイナ教のティールタンカラ(祖師)であり創設者であるリシャバが悟りを得た場所とされる。アイヤーヴァリ教ではシヴァ神の神聖な住まいとして崇められている。ボン教では偉大な天空の女神シパイメン《sipaimen》の住まいで世界の霊的中心だと考えられている。シク教もカイラス山を神聖視している。シク教の10人のグルの一代目で開祖でもあるナーナクが悟りを得る修行で登ったといわれるためだ。

カイラス山は霊峰として登山を禁じられている数少ない山の1つだ。頂上までたどりいた者の明確な記録はない。それでも東洋の信仰に登場する神話の中心として主要な巡礼の地であることには変わりない。巡礼者は山の周囲の道を巡る。

カイラス山は世界の霊的中心だと広く信じられている。

富士山

場所	日本、本州
精神的伝統	神道
関係する神	浅間大神
時代	少なくとも1世紀から
観光時期	6～8月の夏期。夜の内に登山すると頂上で素晴らしいご来光が見られる

富士山は高さ3776m、日本の最高峰である。晴れた日には東京から望むこともできる。ほぼ円錐形で、なだらかな麓から雪を頂く頂上へ向けてそびえ立つ姿は威厳に満ち、周囲はいくつもの湖が囲む。富士山の名はアイヌの炉の女神カムイフチに由来するという説もある。日本古来の信仰であり、自然崇拝を中核に持つ神道では特に重要視される。富士山は日本で並ぶもののない霊山として世界的に知られ、毎年夏になると旅行客や求道者が入り混ざって登る。

かつては麓の森の中で修験者が修行をしたといわれるが、最初に富士山に登ったのはとある僧侶で663年のことだと思われる。富士山の頂上は特に神聖視され、富士山に住む女神を祭った最初の神社である浅間神社は、早くも2世紀に建てられたといわれる。現在、麓にある美しい浅間大社は富士頂上への登山のスタート地点でもある。北口本宮冨士浅間神社には古来のご神木が3本残っており根本の周囲が20m以上のものもある。実に1000年以上もの老木である。

富士山を囲む深い森は青木ヶ原樹海と呼ばれ、昔は貧しい人々が口減らしのために乳児を置き去りにしたり姥捨てを行ったりしたといわれる。そのため青木ヶ原樹海には幽霊が出ると広く噂されている。最近も多くの人々が樹海で命を絶っている。

富士山は活火山で東京に大被害を与える恐れもあり、世界で最も注目されている火山となった。最後に大噴火したのは1707年だが、科学者はそう遠くない日に再噴火するのではないかと予測している。しかし多くの登山者はそんな危険のことなど頭にないようだ。毎年20万人以上が頂上に登って山腹からの素晴らしい眺めを楽しんでいる。

富士山は活火山で、古来の神道の信者と仏教徒両方にとっての霊山。

中国の聖山

場所	中国、山東省・山西省・湖南省・河南省
精神的伝統	道教
時代	紀元前3000年〜紀元600年
観光時期	通年。ただし冬期の恒山は厳寒地なので避けた方が無難

古代中国では神との結びつきを強めるため山にこもる道士が多かった。天を突くような山は神々が住まうと信じられていたが、それだけではない。天地創造の不可思議を味わえる、2つとない自然の美しさを堪能できる場所でもある。道教では山東省の泰山、山西省の恒山と華山、湖南省の衡山、河南省の嵩山の五岳が特に神聖視されている。

泰山は皇帝や詩人、庶民にとって神そのものであり、昔から参詣の地だった。今なお中国の人々が毎日訪れ、山頂に建てられた2つの廟に詣でている。昔も今も変わらず中国の女性にとっては碧霞元君を祭る道観が大変重要な参詣地のようだ。

恒山は五岳の中で最もアクセスが難しく、訪れる人が一番少ない。そんな神秘性に魅力を感じる人も多いようだ。山腹にはおよそ2000年前に北嶽廟が建てられ利用され続けている。

衡山は麓の大きな廟でよく知られる。これは山の精霊を祭るものだ。異例ではあるが道教信者と仏教信者の両方を受け入れている。

華山は5つの峰からなり、遠くから眺めると花弁のように見えるため中国語で“花の山”を意味する華山の名がついた。

嵩山は世界的に有名な少林寺を擁する。少林寺は禅の発祥地でもある。

中国山西省の華山。

聖堂と森

アジャンタ石窟

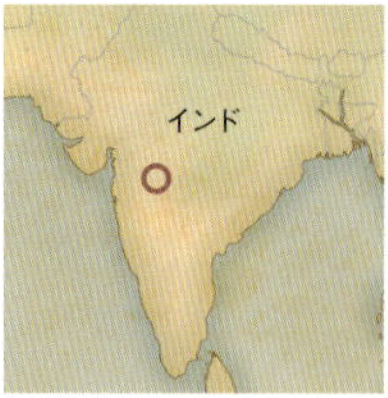

場所	インド、マハラシュトラ州
精神的伝統	上座部仏教、大乗仏教
建造された時代	紀元前2世紀
観光時期	火曜日～土曜日に公開

アジャンタ石窟はインドのマハラシュトラ州のアジャンタ村近くにある断崖に彫りこまれた29の石窟で構成される見事な仏教寺院群だ。かつては寺院や僧院として利用され、インド仏教芸術の傑作といえる壁画が残っている。

初期の石窟群は紀元前2世紀に建造が始まり、紀元4～5世紀まで作業が続いたという説が一般的だ。建築はヴァーカータカ朝の衰退と時を同じくして不意に中止されている。瞬く間に成長した木が石窟への入り口を塞いだために存在が忘れ去られ、1819年にヨーロッパ人が再発見する。

最も初期の石窟は上座部仏教（小乗仏教）のものだが、後期の石窟は紀元1世紀に作られ、大乗仏教の流れを汲むものだ。上座部仏教の石窟には美しい仏塔が配置されている。仏塔は仏陀の生涯と教えを象徴する複雑で幾何学的かつ端正なディテールが施された神聖なモニュメントだ。一方大乗仏教の石窟には大きな仏像が置かれた仏殿があり、僧はそこで瞑想し敬虔な祈りを捧げた。

現在訪れる観光客や学者の便宜を図るために石窟には1から29まで番号が振られているが、建造順ではない。どれも見事だが、傑出した壁画や石像が残されていることで特に注目される石窟もある。例えば第1窟は大乗仏教の寺院で、仏陀の生涯の重要な場面を描いた美しい絵で飾られており、内部の仏殿には説法する仏陀の大きな像が安置されている。第9窟は上座部仏教の祠堂で精緻な彫刻が施された窓から石窟内に陽光が差しこむ。石壁をそのまま彫り抜いた大きな仏塔があるほか、インドに現存する最古の壁画もいくつかある。

第26窟は大乗仏教の祠堂で、仏陀の大きな涅槃像が設置されている。これは仏教徒にとっての重要なできごと、仏陀の入滅を表している。

アジャンタ石窟は1000年以上も木々に覆われて隠されていたが、偶然に発見された。傑出した仏教芸術が数多く残っている。

大足石刻

場所	中国、四川省
精神的伝統	仏教、儒教、道教
建造時代	7世紀
観光時期	通年

大足石刻は世界でもまれに見る石刻群の1つだ。場所は中国四川省の重慶市近く、素晴らしく精巧な石仏や石窟ははるか昔の650年頃に急な石崖を彫りこんで作られたものだ。人里離れた所にあったおかげで極めて保存状態がよく、中国の文化革命時の破壊活動からも逃れることができた。

最も印象的な彫刻や石像は北山と宝頂山にある。北山の石刻のほうが古く、9世紀後期に作られたと思われる。最も古いものは、地元の反乱を抑圧するために現地に駐在していた役人の偉君靖の依頼によって作成された。その中には敗北した敵によって彫刻された、戦闘用装束に身を包んだ偉君靖の実物大の石像もある。

北山の石刻で新しいものは12世紀以降に作られ、上部が張り出した岩壁に刻まれており、長さは500m以上にも達する。ほとんどの像が仏教で慈悲を表す観世音菩薩像で、敬虔な尼僧や僧に囲まれた形になっている。ほとんどの観音像は穏やかな慈愛溢れるたたずまいで、中には月影を見つめているものもある。しかし石窟第130の千手観音は他の像と違って武器と敵の斬首を抱えている。石窟245には阿弥陀経の内容が美しく描かれており、雲の上の極楽浄土で菩薩に囲まれた阿弥陀仏が描写されている。

宝頂山の石刻は北山とは全く趣が違う。こちらは僧の趙智鳳の指揮によって12〜13世紀にかけて作られ、鮮やかな色で彩色されている。数多い彫刻は大乗仏教の経典を表現したもので魅力に溢れ、18層の地獄図や長さ20mもの涅槃像など恐ろしい作品や興味深い像などが数多くある。

宝頂山の大足石刻には仏陀の入滅を表す全長20mもの涅槃像がある。

氷で作られたシヴァのリンガを拝むヒンドゥー教徒。

アマルナート洞窟

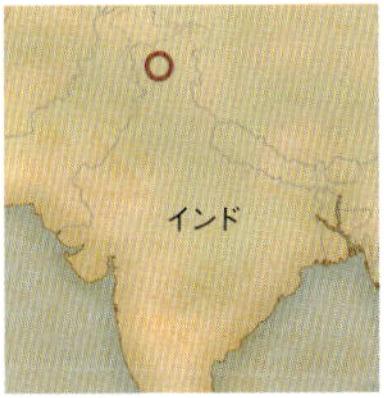

場所	インド、ジャム・カシミール、アマルナート
精神的伝統	ヒンドゥー教
関係する神	シヴァ
建造時代	紀元前3000年
観光時期	シュラヴァニ・メラ祭に合わせて7〜8月に巡礼が行われる。他の時期は雪で洞窟への入り口が塞がれていることが多い

アマルナートはヒンドゥー教の大きな洞窟寺院でジャム・カシミール州の高地にある。偉大なる神シヴァが祭られていて、5000年もの間ヒンドゥー教神話で重要な役割を果たしてきた。

主要な洞窟には水滴が落ちて形成される大きな氷柱がある。これは毎年夏になると大きくなり、冬に向かうにつれ縮んでいく。この巨大な氷柱は奇妙なことに男根の形に似ていて、シヴァ崇拝者はシヴァのリンガに見立てている。他にも小さめの氷柱が2つあって、やはり毎年大きくなったり小さくなったりをくり返す。こちらはシヴァの妻パールヴァティと息子の象頭神ガネーシャだとされる。

ヒンドゥー教神話にはシヴァがアマルナート洞窟の中で創世の秘密をパールヴァティに教えたという話が伝わっている。その時2羽の白鳩が頭上を飛んで秘密を知り、何度も転生する力を得たという。洞窟への巡礼路をたどる際、対になって飛ぶ白鳩を見たと多くの巡礼者が語っている。

アマルナート洞窟には毎年50万人近くが訪れるが、ほとんどの人が7〜8月の夏期にパハルガム村から険しい山道を42kmも歩いていく。年配の巡礼者は馬に乗って難路を越えていくことが多いが、ここ数年は4〜5日もかかるトレッキングを避けてヘリコプターを使う富裕層もいる。

2007年からおそらくは地球温暖化のため、もしくは大勢の巡礼者が1度に洞窟内に入るためか、夏が終わる前に氷のリンガがすっかり溶けてしまうようになりヒンドゥー教巡礼者は失望を募らせている。インド政府は早急にこの状況を改善すべく良策を探っている。

エラワン廟

場所	タイ、バンコク
精神的伝統	ヒンドゥー教
関係する神	ブラフマー神
建造時代	1956年
観光時期	通年

エラワン廟はバンコク中心部に立つグランドハイアットエラワンホテルの中にあり、タイのヒンドゥー教徒の熱心な崇拝を受けるプラプラームの像が安置されている。廟では踊り子たちが依頼を受け、祈りがプラプラーム（ヒンドゥー教の最高神ブラフマーを表すタイ語）に届くよう踊りを奉納する。

1956年のエラワンホテル建築にはこんなエピソードがある。悪霊が建設の邪魔をし、工事に大変な遅れが出て作業員にも多数の死者が出た。その流れを止めるべく廟を建てたほうがよいと占星術師がアドバイスし、不思議議だが明らかに御利益があった。廟が完成したとたんに死者も工事の遅れもなくなり、その後すぐホテルがオープンして賑わい始めたからだ。こうしてプラプラームのパワーの噂が広がり、タイのヒンドゥー教徒の主要な巡礼地となったのである。1987年にグランドハイアットエラワンホテルに建て直すためエラワンホテルは取り壊されたが、廟はそのまま保存された。

ブラフマー神を表すプラプラームの金色像は台の上に座している。像には4つのヴェーダ（ヒンドゥー教の主要な聖典）を象徴する4本の腕と、創世を見届けるために東西南北に向けられた4つの顔がある。ブラフマー神はジャスミンを大変好むといわれ、参拝者がふんだんに花を捧げている。またタイ伝統音楽も愛するブラフマー神のためにほとんど常時音楽が演奏されている。神に捧げる木製の象を祭壇下に置く巡礼者もいる。

2006年に心を病んだ男がプラプラーム像を粉々にし、エラワン廟は一躍知られるようになった。これを目撃した数人が激怒して犯人を殴り殺してしまったという。

ブラフマー神の4面を持つ金色のプラプラーム像。

伊勢神宮

場所	日本、伊勢
精神的伝統	神道
関係する神	天照皇大神、豊受大御神
建造時代	紀元前4年
観光時期	通年

神聖な檜で作られた内宮で祈りを捧げる神職。

伊勢神宮は正式名称を神宮といい、日本西部の伊勢市の広範囲に渡っていくつも鎮座する宮社である。正宮は内宮と外宮からなり、伊勢市と周辺に123もの社宮が点在する。

日本の神道では檜が特に神聖視され、伊勢周辺の森でたくさんの木が植林されている。伝えられるところによれば、紀元前4年に2本のヒノキを切り、内宮と外宮の場所(約6km離れている)に柱として建てたという。この柱は現在も神社で重要な意味を持つ。伊勢神宮では再生を象徴する祭儀として主な社殿を20年ごとに建て直すことになっている。これは"式年遷宮"と呼ばれ、7世紀に始まり、最近では1993年に行われた。社殿が解体された跡地には目印としてこの柱が置かれ、白い小石が周囲に並べられる。こうして古殿地は20年後に再び社殿が建てられるまで守られるのである。

内宮は日本でも至聖の地だ。伊勢市南の宇治にあり、神話で日本の天皇家の祖先とされる太陽神の天照皇大神《アマテラススメオオカミ》を祭っている。今なお神秘性をまとう内宮の祭主は厳格な神道の伝統によって必ず皇族の女性が務める。祭主は天照皇大神と人々を取り次ぎ、天皇の幸いを祈る。また内宮には重要な祭具である八咫鏡が祭られており祭主によって厳重に保管されている。神話では天照皇大神が弟のスサノオから隠れて天岩戸に籠もり、世界中が真っ暗になったという。そこでアメノウズメが岩戸のそばに勾玉と八咫鏡を置いて踊り、天照皇大神を誘いだした。天照皇大神が鏡に映る自分をもっとよく見ようと戸を開けたところでアメノタヂカラオが手をつかんで引っぱりだし、世界は再び明るくなった。その後鏡は天皇に与えられ、内宮本殿に奉じられている。一般人はこの神器を見ることはかなわず、知られている限り公開されたことも写真撮影されたこともない。観光客や参拝者が鳥居をくぐると森の向こうに屋根が見えるが、本殿内に立ち入ることが可能なのは祭主や神職と皇族だけだ。

伊勢外宮も日本の至聖地である。内宮からはバスに乗ってすぐの距離だ。外宮の主祭神は食と住の神で天照皇大神への供物を管理する役目の豊受大御神だ。1日2回、上御井神社の井戸から汲んだ水と、火錐具でおこした火を用いて作られた食物が古式に則って奉納される。外宮から内宮への順路は6.4km程で、境内の檜が立ち並ぶ森を抜ける参道をたどっていく。拝殿に着いたら二礼二拍手し、両手を合わせて祈ってから一礼する。天照皇大神に新

穀を供える神嘗祭などの大規模な祭典は参拝者も参道から見学できる。

外宮には天照皇大神への供物を管理する豊受大御神が祭られている。

ガルガノ山

場所	イタリア、アプーリア州
精神的伝統	キリスト教
関係する神	大天使ミカエル
建造時代	492年
観光時期	5月8日と9月28〜30日に フェスティバルが行われる

モンテ・サンタンジェロ・スル・ガルガノ――短くモンテ・ガルガノと呼ばれることも多い――は、イタリアはアプーリア州ガルガノ山の斜面に作られた古い洞窟の聖堂だ。由来は5世紀後期にさかのぼり、4回に渡って洞窟に現れたという大天使ミカエルが祭られている。

地元に伝わる話によると大天使ミカエルが初めて現れたのは492年だという。ある日ガルガノ山で草を食べていた雄牛が不意に姿を消し、ようやく洞窟で見つかった。雄牛を追い出そうと矢を射たところ、矢が戻ってきて射手に刺さった。これを不審に思った地元の人々はこの奇妙な事件の意味を聞こうとシポンタムの司教をたずねる。司教が洞窟で3日間断食するよう命じたところ、3日後に大天使ミカエルが出現し、その洞窟は自分が守護していると語った。この驚くべきできごとはローマ教皇ゲラシウス1世の耳にも入り、ミカエルに捧げる教会を建てるべしとの命を下した。司教が聖別しようと洞窟に入るとすでに聖堂が造られており、祭壇には紫の布がかけられ岩にはミカエルの足跡が残されていた。この奇跡によって聖ミカエルが洞窟を聖別したことが証明されたという。

最後にミカエルが出現したのは1656年、周辺でひどく疫病が流行っていた時のことだ。アルフォンソ・ピキネリ大司教が助けを求めて祈っていると再び聖ミカエルが現れ、洞窟の石に自分のイニシャルを彫りこむよう告げた。この石に祈りを捧げた者は皆疫病から逃れられるというのだ。いわれた通りに石を身に帯びた人々は救われ、感謝の印として町の広場にミカエルに捧げる記念碑が立てられた。以来数世紀に渡りこの記念碑と洞窟の聖堂には何百万というキリスト教巡礼者が訪れ、今なお引きも切らず人々が押し寄せている。

アッシジの聖フランチェスコもガルガノ山を訪れたが、洞窟の入り口まで来て、自分には入る資格がないと足を踏み入れなかった。そして外の石に十字を刻んでキスをしたという。

ガルガノ山の聖堂は、彼の地に4回に渡って出現したという大天使ミカエルを祭っている。

厳島神社の鳥居

場所	日本、厳島海上
精神的伝統	神道、仏教
関係する神	市杵島姫命、田心姫命、湍津姫
建造時代	12世紀
観光時期	通年。厳島へは船に乗って10分程

広島市からほど近い厳島神社の鳥居は日本古来の神道を象徴するものとして大変人気がある。朱色に塗られて優美な姿を見せる鳥居は一種の門でもあり、神聖な島である厳島（宮島）からすぐの海上に立っている。満潮時には水面に浮かんでいるように見える。神道によれば死者の魂は海から厳島神社を通ってくるという。

鳥居は木造の厳島神社社殿の前、海際にある。本殿が建築されたのは12世紀だが、16世紀に大がかりな改修が行われて現在のような姿になった。最初に社殿が建てられた時期は不明だが、おそらく6世紀かそれ以前だと考えられている。御祭神は強い力を持つ3人の女神、市杵島姫命《いちきしまひめのみこと》、田心姫命《たごりひめのみこと》、湍津姫命《たぎつひめのみこと》で、船乗りの守護神でもある。厳島は昔から神道で神聖視され、古代日本では一般庶民は歩いて島に渡ることを禁じられていた。そのため船で近づいて鳥居をくぐり儀式に参加したという。現在も島自体が神と見なされているため島での出産と葬儀は禁じられている。日本の観光客は干潮時に鳥居の周囲を回り、柱下部の割れ目に硬貨を押しこんで願いをかけたりするが、これは勧められない。

本殿の他にも周辺に社殿が点在し、近くには昔から能が演じられる舞台もある。厳島神社の近くには五重塔がそびえ、神道と仏教が混交していた事実を示す比類ない景観となっている。

厳島神社の鳥居は神道にとっての神聖な象徴。

パトモス島

場所	ギリシャ、ドデカネス諸島
精神的伝統	古代ギリシャ多神教
関係する神	アポロ、アルテミス、神学者聖ヨハネ
建造時代	紀元前4世紀、紀元1世紀
観光時期	ほとんどの旅行客は4～10月に船で訪れる

ギリシャ領の小さなパトモス島はトルコ沿岸部からほど近い地中海に浮かぶ。比類ない自然の美しさがこよなく愛されるこの島は、神学者ヨハネが神からの啓示を受けて新約聖書の第4福音書を記したことでよく知られる。

ギリシャ神話によれば、パトモス島はかつて海の底に沈んだ島だった。月の女神セレネがアルテミスを介してアルテミスの兄アポロに地表に引き上げてくれるよう頼んだ。アポロはゼウスに助けを乞い、ゼウスは島を海中から持ち上げた。以来パトモス島はアルテミス(ローマ神話のダイアナにあたる)とアポロにとっても神聖な地となった。

人々が島に住み始めたのは4000年程前だが、アルテミスとアポロを祭る神殿が最初に建造されたのはかなり後の紀元前4世紀である。紀元前2世紀にはローマ人が島を占領してパトモス島の人口は次第に減っていき、犯罪者や宗教的な異分子の流刑地となった。キリスト教に伝わる話によると、キリストの最初の弟子の1人、神学者ヨハネが95年に弟子プロクロスとともに流されたという。ヨハネは丘の上のアルテミス神殿の下にある洞窟に居を定め、黙示的な天啓を受けてプロクロスに口述筆記させた。これは後に、キリストの再来を予言する新約聖書『ヨハネの黙示録』となった。第4福音書もここで記したといわれるが、その作者は違うヨハネではないかと見る歴史学者もいる。

4世紀、ギリシャのキリスト教修道士がアルテミス神殿の地に教会を建てた。続く数百年間はアラブからの侵攻者によって何度も破壊されたが、11世紀に修道士クリストドゥーロスが聖窟の上に修道院を建築する。以来この修道院は壊されることなく利用され続け、今もキリスト教徒にとっての主要な巡礼地である。侵略者から修道士を守るため要塞のような作りになっているほか、古代ギリシャの哲学者が記した世界最古の文書もいくつか保管されている。

パトモス島の修道院は、神学者ヨハネが黙示を受けたという洞窟の上に建てられている。

莫高窟

場所	中国、甘粛州
精神的伝統	仏教
関係する神	仏陀
建造時代	366年
観光時期	通年。ただし洞窟内訪問はオフィシャルツアーに限る

莫高窟《ばっこうくつ》——敦煌石窟《とんこうせっくつ》または千仏洞とも呼ばれる——は中国北部の甘粛州、敦煌にある素晴らしい遺跡だ。精妙な壁画や1度は失われた経典の翻訳本など仏教の至宝が大量に見つかった。

仏教に伝わる話によれば366年に仏教僧の楽僔《らくそん》が悟りを求めて敦煌近辺を歩いていたところ、千もの仏姿が見えたように感じた。その後楽僔《らくそん》はすぐに最初の聖窟を掘り始め、続く1000年の間に洞窟は数を増して幾千もの仏像が安置されることとなった。

初期には仏典と仏教芸術の保管に使われていたようだ。そのうち悟りを得ようと外界から隔絶した聖域を求める仏教徒巡礼者が集まるようになった。洞窟の内壁には瞑想に用いる壁画が描かれたが、これはまた地元の人々に仏教を伝える教材ともなった。

700年頃になると中国では仏教が栄え、敦煌はシルクロードの重要な都市として隆盛を続けていた。周囲の仏院にも潤沢な資金がつぎ込まれ、まもなく千にも及ぶ洞窟寺院が開かれて参拝が行われるようになった。しかしなぜか11世紀を少し過ぎた頃、遅くとも14世紀には多くの洞窟が封印されてしまう。当時はシルクロードも海上貿易経路に取って代わられており、敦煌も経由点としての重要性を失った。こうして莫高窟は忘れ去られた。

しかし20世紀初期、道士の王円籙《おうえんろく》が洞窟を調査していて壁の向こうに空洞があることに気づいた。注意深く探ってみると古代の仏教・道教・儒教の経典が詰まった小部屋が見つ

かった。経典は様々な言語で書かれ、1300～900年程も年月を経たものだった。また仏像や仏画、その他数多くの仏教芸術品も発見されてすぐに大規模な発掘作業が始まることとなった。現在は30の洞窟が公開されている。

莫高窟に封印されたままだった仏教の至宝は偶然見つかった。多くの壁に壁画が描かれている。

サイダ・ゼイナブ廟

場所	シリア、ダマスカス
精神的伝統	イスラム教シーア派
関係する聖人	サイダ・ゼイナブ
建造時代	7世紀
観光時期	通年。非イスラム教徒は外庭に入ることができるが、シーア派の巡礼者が涙をこぼしながら祈る場面に圧倒される

サイダ・ゼイナブ廟はシリアはダマスカスの郊外、タマネギ形ドームをいただく美しいモスクの中にある。イスラム教シーア派にとっては世界で指折りの聖地の1つだ。巡礼の地としてナジャフ（参照→p.256～257）とカルバラー（参照→p.72～73）に次ぐ聖地なのである。

イスラム教に伝わる話によると、預言者ムハンマドが632年に没した後、誰が次のイスラム教指導者になるかをめぐって争いが起きた。後にスンニ派となるあるグループは選挙で指導者を選びたいと主張し、シーア派となる一派はムハンマド一族から選出すべきと主張した。まもなく分派間で争いが起こり、680年、ムハンマドの孫娘でありシーア派の偉大な指導者イマーム・アリの娘であるサイダ・ゼイナブは雌雄を決するカルバラーの戦いに巻きこまれた。この時兄のフサインと息子たちが虐殺されてしまう。彼らの遺骸を集めていたサイダ・ゼイナブは捕らえられダマスカスに連行され、過酷な幽閉生活を送った後にようやく解放される。

廟は美しい青タイルで飾られ、金色のドームがかぶせられている。

イスラム教シーア派にとってカルバラーの戦いは歴史的なできごとだった。指導者のフサインとその追従者が預言者の真の言葉を守るべく命を捧げたためだ。サイダ・ゼイナブ廟を訪れたシーア派の巡礼者が黙祷することはない。祖先、中でもフサインとサイダ・ゼイナブの犠牲的行為を思って感極まり、泣き叫んで胸を叩くのである。

アインジーデルンの聖母聖堂

場所	スイス、チューリヒ近く
精神的伝統	キリスト教
関係する聖人	聖母マリア
建造時代	861年
観光時期	通年。ただし主な巡礼は イースターから10月初めまで

アインジーデルンの聖母が安置される修道院はスイス中央東寄り、チューリヒから30km程離れた丘に建っている。黒い聖母像は不思議な力を持つといわれ、1000年以上昔から巡礼者を引きつけてやまない。

キリスト教に伝わる話によると、835年にメインラッドという貴族が黒い聖母の木像を持ってチューリヒを後にし、南にある森に向かった。そこで彼は隠者として26年を過ごし、2羽のカラスと仲良くなる。しかしある日、2人の暴漢がメインラッドを襲って殺してしまう。カラスはチューリヒまで執拗に暴漢を追い、大声で鳴き続けたため犯人は捕まった。約100年後、ベネディクト会修道士の一団がメインラッドの隠遁所で黒い聖母像を見つけて小さな修道院を建てる。そして948年、黒い聖母像を安置する恵のチャペルが作られた。チャペルを聖別している最中にキリストが明るい白光の姿で現れたという。奇跡の話は瞬く間に広まり、964年にはローマ教皇がこの奇跡を認める大勅書を出した。以来大勢の巡礼者がアインジーデルンを訪れ、いつしか巡礼者を受け入れる大修道院と修道院が建築された。以来修道院は拡大を続け、どちらも今なお栄えている。

修道院付属教会の建物ももちろん見応えがあるが、人々のお目当ては聖母の聖堂（シュライン・オブ・アワ・レディ）とも呼ばれる恵のチャペルだ。教会の西端に離れて立つチャペルは大理石製で、中には美しい外衣をまとった黒い聖母が祭壇上に安置されている。最初の像は15世紀に火事で焼けたため現在の像は複製品だといわれる。

教会から少し離れた所にはキリストの磔刑を描いた"パノラマ"の名で知ら

聖堂には敬愛されてやまない黒い聖母像が収められている。聖堂が初めて聖別される際にキリストが姿を現したという。

れる大きな絵がある。またその脇には500以上の木刻からなる巨大な“馬槽の幼きキリスト像”を擁するジオラマ・ベツレヘムがある。

慈愛の聖母教会

場所	キューバ、エル・コブレ
精神的伝統	キリスト教
関係する聖人	聖母マリア
建造時代	1608年
観光時期	通年

慈愛の聖母マリア教会(エル・コブレ教会)はサンチアゴの近く、エル・コブレ町にある。奇跡を起こしたという聖母マリア像が祭られており、昔からキューバの至聖地として知られる。

伝説によると1610年頃に2人のインディオがエル・コブレから海に船を出していた。すると波間に聖母マリアの像が浮いていた。聖母像は小さなイエスを抱いて金色の十字架を持ち、スペイン語で“私は慈愛の聖母マリア”と銘刻されていた。当時、キューバで最も崇敬されていた聖人は聖ヤコブだったため聖母像は小屋にひっそりと安置された。ところが朝になると聖母像は姿を消しており、エル・コブレを見下ろす丘の上で見つかった。像は小屋に戻されたが、不思議にもまた丘の上に移動した。丘の上で発見されることが3回くり返されるに至り、像を祭る聖堂が建てられることになった。

1630年、エル・コブレの奴隷はすべて解放され、聖母像は聖堂から移されて、スペイン征服者の守護聖人とされていた聖ヤコブの代わりに町の教会の祭壇に安置された。当時の情勢を物語るエピソードである。以来、聖母像はいくつもの奇跡を起こしたといわれる。

1916年には教皇がキューバ訪問の際にエル・コブレに寄って聖母像を実見し、キューバの守護聖人であると宣言した。これを受けて聖母像を安置するための教会が新たに建設された。3層構造のドーム屋根をいただく教会は1927年に完成した。著名人の信者にはノーベル賞を聖母マリアに捧げた小説家のアーネスト・ヘミングウェイや、フィデル・カストロの母親などがいる。カストロの母親は息子のキューバ革命が成功するよう祈っていたという。

エル・コブレにある慈愛の聖母マリア教会には聖母マリア像が安置されている。

カルバラー

場所	イラク、カルバラー
精神的伝統	イスラム教シーア派
関係する聖人	イマーム・フサイン
建造時代	684年
観光時期	アメリカ主導の連合軍による占領のため勃発したイラク内紛のせいで、現在は訪問が極めて難しい

カルバラーはバグダッドの南西約100kmにある神聖なイスラム教都市だ。イスラム教シーア派――イラクで最大の宗派――にとっては、メッカ（参照→p.232～235）、メディナ（参照→p.236～237）、ナジャフ（参照→p.256～257）に次いで世界で4番目に神聖な都市である。預言者ムハンマドの孫であり、絶大な人気を誇る殉教者でもあるイマーム・フサインに捧げられた廟が鎮座する、シーア派にとって重要極まりない巡礼の地だ。

伝説によると預言者ムハンマドが632年に没した際、次のイスラム教指導者を誰にするかで意見が分かれた。スンニ派となる一派は指導者を選挙で選ぼうとしたが、シーア派となるグループはムハンマドの一族から選出することを望んだ。まもなく抗争が起こり、680年、カルバラーの戦いでムハンマドの孫にして後継者候補のイマーム・フサインが多くのシーア派信者とともに殉教した。4年後フサインの墓の上に建てられたモスクは瞬く間にカルバラーの中心地となり、シーア派の聖なる巡礼地として有名になる。

数世紀の間にモスクは何度か建て直され、10世紀には墓として木製のフサイン廟が作られる。現在のモスクは11世紀に建築されたものだが壁とドームには14世紀に大規模な改修が施され、尖塔と屋根に大量の金がつけ加えられた。

シーア派にとってフサイン廟に次いで重要な巡礼地は、やはりカルバラーの戦いで殉教したフサインの異母兄弟が埋葬されているハズラット・アッバス廟である。そして雌雄を決する戦いの前にフサインがキャンプしたというアル・マハヤムの地が続く。

カルバラーへの巡礼はイスラム教の祝日アーシューラーの日、通常は1月に行われる。サダム・フセイン統治下のイラクではシーア派の巡礼が厳しく抑圧されたが、最近は巡礼者が増えている。男性巡礼者は大勢で行列を作りながらナイフで自らを傷つけることでイマーム・フサインの死を再体験する者が多い。年老いた巡礼者は廟まで歩いて行きそこで死を待つこともある。フサインの墓が楽園への入り口だと信じているのである。

毎年多数のシーア派巡礼者がイマーム・フサインのモスクに押し寄せ、カルバラーの戦いを追悼する。

XI. KER.
GELLÉRT RAKPART

洞窟教会

場所	ハンガリー、ブダペスト
精神的伝統	キリスト教
関係する神	聖イシュトヴァーン
建造時代	1926年
観光時期	通年。ただし礼拝時を除く

洞窟教会はブダペストのゲッレールト丘にある静かで美しい岩屋だ。1000年程前にこの洞窟に住んでいたといわれる聖イシュトヴァーンを祭ったもので、1920年代に建造、1930年代に拡張された。礼拝堂には信者が崇敬する黒い聖母の絵があり、これを目当てにハンガリー中から巡礼者が訪れる。

ハンガリー初のキリスト教を奉ずる王も聖イシュトヴァーンと呼ばれ、教皇によって1083年に聖人として列聖されている。ゲッレールト丘の岩屋に住んでいた聖イシュトヴァーンがこの王と同一人物だったかどうかは不明である。伝えられる話によると隠者イシュトヴァーンはヒーラーで、洞窟の外にわき出す温泉によって病人をいやすことで知られていたという。1926年、聖イシュトヴァーンを祭る教会が聖パウロ修道会の修道士によって岩屋に作られた。10年後にカロチャ大司教が洞窟の奥を掘って教会を広げたおかげで入れる会衆が増えた。1951年、ハンガリーの共産党政府が教会を閉鎖して修道士をすべて逮捕、高位者を処刑し、その上分厚いコンクリートの壁で塗り固めて教会を隠してしまった。しかし1989年東欧圏に広がった革命の波によって壁が取り除かれ、再び教会は門戸を開いた。

ブダペストの洞窟教会。丘の奥深く掘られた美しい岩屋を擁する。

パウロ修道会の修道士は昔から聖母マリア崇拝で知られる壁には黒い聖母を描いた絵の複製品がかけられている。オリジナルはポーランドのチェンストホヴァにある有名な絵で、奇跡を起こすパワーがあるといわれている。

洞窟教会の壁はごつごつした岩肌そのままで、礼拝時の歌声や音楽が非常に良く響く。また時には深閑とした静けさをもたらし、祈りを深めてくれる。

シュエダゴン・パゴダ

場所	ミャンマー、ヤンゴン(旧称ラングーン)
精神的伝統	仏教、ミャンマー占星術
関係する神	過去4人の仏陀
建造時代	紀元前460年頃とされる
観光時期	通年。ただしミャンマーへの渡航計画は慎重に。また必要な許可もある

シュエダゴン・パゴダ――黄金のパゴダともいわれる――はミャンマーにある至聖の仏教寺院だ。シングッダヤ丘からそびえる仏塔の高さは100m近くにもなり、荘厳な姿を見せる。場所はミャンマー南部ヤンゴン(ラングーン)、近くのカンドージ湖の水面に金色の光を投げかけている。

仏教に伝わる話によるとこのパゴダは2500年程前、紀元前486年の仏陀入滅の前に作られたという。現代の考古学者はこれに異論を唱え、仏塔はおそらく1000～1500年程前に作られたと考えているが、どちらの説も間違っているとはいえない。どうやら現在の仏塔は初期の寺院の上に立てられたようだ。

地元の仏教徒によれば、応身としての最後の仏陀、釈迦に会った商人兄弟が8本の髪の毛をもらって奉納したのが始まりだという。兄弟はオカラッパ王が先代の3仏陀の遺物を祭ったシングッダヤ丘に行った。王が仏陀の髪を収めた小箱を開けると信じられないような奇跡が起こった。稲光が閃いて大地が震え、空から大雨とともに多数の宝石が降り注いだのである。同時に盲目の者は目が見えるようになり、口がきけない者は話せるようになった。王はこれを受けて寺院を作らせ、聖髪を収めるべく重なりあうように仏塔を建てた。そして時代を経る内にミャンマーでも至聖の巡礼地となった。

現在ある金張りの寺院は宝石がはめこまれた美しい尖塔を持つ。入り口は4つあり、そのうちの1つの上には第2の仏陀、金色の台座に座る倶那含牟尼仏《くながんむにぶつ》像が掲げられている。倶那含牟尼仏像の上には僧が並ぶ壇があり、最頂部にはティと呼ばれる冠形の飾りがしつらえられている。

仏塔は仏陀の髪を収めた小箱の上に立てられたといわれる。

聖なる石・岩・塚

アルタの岩絵

場所	ノルウェー
精神的伝統	フィンマルク州
関係する神	不詳
製作時代	紀元前4200〜500年
観光時期	夏

アルタの岩絵は見る者を驚かせる5000以上もの絵とペトログリフ（岩に刻みこんだ絵）群で、はるか北方の北極圏、古代に形成されたノルウェーのフィヨルドに臨む地点にある。最も古いものはおそらく紀元前4200年、新しいものは紀元前500年頃に描かれたと考えられる。素晴らしい絵画群は、有史以前の時代に北ヨーロッパで人類が精力的に活動していたことを裏づける証拠にほかならない。

この岩絵が最初に発見されたのは1967年、以来絵を描いた人々について熱心に調べる科学者らによって広く研究されてきた。絵とペトログリフには主に狩猟や釣り、航海などの人間の日常生活が描かれているが、祭儀の場面もある。また性的な表現も見られる。さらには幾何学的な模様やシンボルも数多くあるが、その意味は未だ解明されていない。

後期の岩絵には柵に囲まれたトナカイなどの動物が描かれており、この見事な絵を刻みこんだ人々が遊牧生活から定住生活に移ったことがうかがえる。

この芸術作品の作者は、今なお北ノルウェー以北で狩猟と漁猟を行っているサーメ（ラップ）先住民の直接の祖先だというのが史学的な定説だ。サーメ人の衣服や道具のデザインが岩絵のものと非常に似通っているためだ。ただし決定的な証拠となるDNAや物理的手がかりがないためこれも推測にすぎない。

ペトログリフで特に興味深いのは北極熊のユニークな描き方だ。ヘラジカやトナカイなど他の動物の足跡は水平に描写されているものがほとんどだが、北極熊には垂直の足跡が付されている。まるで北極熊には魔法の力が備わっているとでもいうように、他の動物の足跡と交差させてあるものも多い。どういうわけか紀元前1700年頃を過ぎるとこのような描写はなくなり、他と全く同じ扱いになってしまう。ここから、死後の世界に通じる重要なトーテムアニマルとして崇拝されていたが何らかの理由で突然信仰が変化したのだろうと考えられている。

アルタの岩絵は紀元前4200年頃に描かれ始めた。複雑な幾何学模様や人間、ヘラジカ・トナカイ・熊などの動物などが描写されている。

エイヴバリー

場所	イングランド、ウィルトシャー州
精神的伝統	古代多神教、ドルイド教
建造時代	紀元前2600年
観光時期	通年。ただし夏至と冬至は特に神秘的とされる

イングランド西部ウィルトシャー州にあるエイヴバリーはまさに世界最大の古代ストーンサークルだ。建造されたのは4000～5000年程前で近隣のストーンヘンジ(参照→p.118～121)より古い。この壮大なモニュメントの正確な目的は建造した人々と同様に謎のままだ。

エイヴバリーは高さ6mの丸い石灰

石の土手で、直径は400m以上ある。溝には明らかに入り口と思われる部分が4ヶ所あり——東西南北を向いている——溝のすぐ内側には巨大なサルセン石が置かれている。石の中には高さ7m、重量41tに達するものも見られる。残念ながら元々98個あった石は27個しか残っていない。風雨に長く曝されて自然に侵食が進んだ分はわずかで、ほとんどは破壊行為によるものだ。

大きなストーンサークルの内側には小さいストーンサークルが2つあるが、考古学的には小さなサークルが作られてすぐに大きい方が建造されたようだ。北方の小さいサークルは27個の石からなるが、そのうち残っているのは4個だけだ。南方のサークルは本来29個で構成されていたが、現在も立っているのは5個にすぎない。

18世紀後半に石の大半が破壊されてしまうが、その前に地元の歴史学者ウィリアム・ステュークリーがエイヴバリーの図を書き残している。そこからはサークルの間をぬう巨大な蛇——特に強力な霊的シンボル——のデザインが明確に見て取れる。頭とシッポは周辺地域へと1.6km以上に渡って延びる立石で表され、さらに遠くの石とも結びつくような形に配置されているのだ。

近年の歴史学者と考古学者により、エイヴバリーのストーンサークルが、イングランド南部全体に渡って互いに格子状をなすよう配置されている石碑の一部である証拠が明らかになった。これらの石碑にはグラストンベリートァ(参照→p.24〜25)、ストーンヘンジ、コーンウォールの聖ミカエルの山なども含まれる。実はエイヴバリーを霊的な中心として、これら謎のモニュメントはヨーロッパ中の他の石とも結びついている可能性もある。

エイヴバリーの立石群は世界最大の古代ストーンサークル。

マチュピチュ

場所	ペルー、ウルバンバ谷
精神的伝統	インカ
建造時代	1430〜1530年
観光時期	6〜9月

マチュピチュはペルー南部の都市クスコ北方にある、古代インカの素晴らしい石造りの遺跡だ。海抜2400m以上の高い山の尾根に位置し、雪をかぶる美しい峰に囲まれるようにピサク東部からオリャンタイタンボへ続くウルバンバ聖谷を見下ろしている。

考古学では1430年頃に建設が始まりスペインがペルーを征服した1532年も建築中だったと考えられている。ただしマチュピチュという場所はインカの歴史が始まった時から神聖視されていた。幸いマチュピチュはスペイン人に見つからずに済んだため、多くのインカ遺跡のような破壊は免れた。マチュピチュの存在が広く知られるようになったのは20世紀になってからで、そこに住んでいた先住民が米国の歴史学者に連絡を取ったのがきっかけだ。

マチュピチュには神殿や住居、噴水、そして100段以上の石段（1つの花崗岩から切り出されたものが多い）など美しい石造りの建造物が数多くある。見事な石造構造からは建築様式の並々ならぬ洗練ぶりと卓越した建造技術がうかがえる。大きな石板同士が完璧に密着していて継ぎ目がほとんど見えないくらいだ。考古学者はマチュピチュの広範囲が宗教儀式用として他のエリアから分けられていることを突き止めた。この範囲内には3つの主要な建造物——太陽の神殿、3つの窓の神殿、インティワタナが確認されている。インティワタナは磨き石で作られた驚くべき日時計で、冬至には正確に太陽の方向を指すようになっている。この3つはどれもインカの太陽神にしてインカ信仰で中心的な役割を果たしていたインティを祭っている。

インカ社会におけるマチュピチュの役割については諸説あり、今のところ明確なことは分かっていない。しかし確実なことがある。少なくとも、他の山々、そしてインカで極めて重要視されていた太陽・月・星との位置関係ゆえにマチュピチュという地が選ばれたということだ。現在、毎年数え切れないほどの求道者がウルバンバ谷を抜けてこの辺境の都市まで3日間の徒歩旅行にやってくる。マチュピチュはペルーで最も多くの人が訪れる聖地なのである。

息をのむようなインカの石造都市マチュピチュ。緑深い谷を見下ろし、雪を頂く峰々に囲まれている。

ギザの大ピラミッドのイメージ図。世界で最も神聖を極める場所の1つ。

ギザの大ピラミッド

場所	エジプト、カイロ
精神的伝統	古代エジプト
関係する神	クフ王
建造時代	紀元前2560年、または さらにさかのぼる可能性も
観光時期	通年

ギザの大ピラミッドは現在のカイロの外れにある。古代世界の比類ないモニュメントとして伝説と謎に包まれた巨大な石造建築物だ。ピラミッドの建築方法とその本当の目的には諸説あり、新たな発見がある度に収束するどころかさらに議論がヒートアップするばかりだ。

エジプト学者の一般的な見解によると、大ピラミッドは紀元前2560年にエジプトのクフ王の墳墓として建造されたという。しかし大ピラミッドの近辺に当時作られた2つのやや小さいピラミッドの作りが雑なことから、紀元前2560年のエジプトには大構造物を造るだけの技術はなかったという少数派の意見もある。また大ピラミッドの中には人間の遺体が安置されていないのだ。ここから墳墓ではないとする説の中で最も有力なのは、3大ピラミッドは紀元前1万年頃、古代エジプトで崇拝されていたオシリスを表すオリオン座の3つ星と全く同じ配置に建造されたというものだ。この説をとる研究者の多くが、主な部屋は神聖なイニシエーション儀式に用いられ、ピラミッドの形と構造そのものが信仰儀式の効果を高めたと考えている。

紀元前2560年説が正しければ、大ピラミッドは3800年以上も世界1高い建造物だった。建材は250万個もの石灰岩のブロックで、それぞれ平均2.5t以上もある。かつては滑らかな花崗岩の石板で表面全体がくまなく包まれ、暑い砂漠の太陽の光を受けて輝いていたと思われる。また頭頂部にはオニキスの巨大なピラミッド形キャップストーンがかぶせられていた。

王家の谷

場所	エジプト、ルクソール
精神的伝統	古代エジプト
関係する神	イシス、セルキス、ネフティス、ネートなどのエジプト神
建造時代	紀元前1539～1075年
観光時期	通年

王家の谷は、エジプトのルクソールを流れるナイル川の西岸にある巨大な埋葬地のことだ。3000年以上前にファラオなどの要人の遺体や工芸品を収めるために大きな墓がいくつも作られた。残念ながら墓内の宝は大半が盗まれてしまったが、見事なヒエログリフで飾られた荘重な石棺は今なお見る者の心を捕らえてやまない。

王家の谷は紀元前1539年にトトメス1世の墓が作られたのが始まりである。建造はおよそ500年続き、その間にシンプルな岩穴から文字通りの宮殿のような墓まで60以上の墓が作られた。最後に建設された大きな墓はラムセス10世かラムセス11世のものである。

ほとんどの墓群は東の谷にあるが、西の谷で現在公開されているのはアイの墓だけだ。その赤い珪岩製の石棺は、死後におけるアイの守護を願ってイシスやセルキス、ネフティス、ネートなどのエジプト神の美しい彫刻絵で飾られている。

東の谷で最大の墓はラムセス11世のもので67もの独立した埋葬部屋がしつらえられている。ラムセス11世は66年に渡って統治し、エジプト王朝で最も在位の長い王となった。その玄室の石壁には2つの古代の本、『門の書』と『冥界の書』から取った場面が描かれている。これは冥界に行った魂の運命を記した物語だ。

東の谷で最も有名な墓は1922年に発見されたツタンカーメン墓だ。発見された中で最も豪奢なわけでも最大でもないが、保存状態は一番よく、古代エジプトの埋葬儀式が他のどれよりもよく分かる。ツタンカーメン墓からは全部で3500という圧倒的な数の宝が見つかっているため、さらに大きな権力を持つ王にはこれを越える宝が副葬されたことがうかがえる。玄室の壁は冥界に到着したツタンカーメンがハトホルやアヌビス、イシス神に迎えられる場面が描かれている。

ツタンカーメンの墓は1922年に発見された。極めて保存状態がよく、古代エジプトの信仰について多くの情報が得られた。

チチェンイツァ

場所	メキシコ、ユカタン州
精神的伝統	マヤ
関係する神	ククルカン／ケツァルコアトル
建造時代	7～12世紀
観光時期	通年

チチェンイツァは極めて保存状態のよいマヤの石造都市で、メキシコ南部ユカタン半島にある。初期の建築は7世紀に始まり続く500年の間に大きく発展したが、隣接する都市マヤパンに征服された。その後建築は行われなかったものの、スペインに征服されうち捨てられる16世紀までチチェンイツァはマヤ人にとっての巡礼の地だった。大々的な発掘は1920年代に開始され、現在はメキシコで群を抜いて多くの人が訪れる聖地の1つとなった。

7～9世紀にかけては雨の神チャクを祭る非常に装飾的なプウク式の石造神殿と宮殿が建造された。しかし10世紀になると突如として壮大な建築様式が登場する。これは一般的にトルテック族の影響を受けるようになったからだとされる。これ以降チチェンイツァはククル

ククルカンのピラミッドはチチェンイツァでとりわけ印象的な建造物。

カン――アステカ族には羽のある蛇神として知られるケツァルコアトルを崇拝するための中心地となる。ククルカンを祭る大きな神殿やククルカンを象った石造がチチェンイツァのあちらこちらに建てられ、この時期、チチェンイツァはユカタン半島の勢力の中心地となった。

チチェンイツァには神に捧げられた重要な石造建築が数多く見られるが、最も印象的なのはマヤ歴が組みこまれたククルカンのピラミッドといってよいだろう。この巨大なピラミッドは4面それぞれに91段の階段がある。この合計に中央最上段を足すと365段で、ちょうど太陽年の日数になるのだ。

バイアメ洞窟

場所	オーストラリア、ニューサウスウェールズ州
精神的伝統	アボリジニのドリームタイム
関係する神	バイアメ
建造時代	紀元前1000年
観光時期	7～8月の涼しい時期がベスト

ニューサウスウェールズ州の町シングルトンの近辺にはアボリジニから神聖視されている多くの岩窟があるが、バイアメ洞窟はその中の1つだ。その名は地元のドリームタイム神話に登場する、天空神にして創造神であるバイアメの大きな岩絵に由来する。ただし同地には、放射年代測定法により紀元前1000年頃に描かれたと測定されるアボリジニの絵が他にも多数存在する。

洞窟の入り口近くにはバイアメの細い体が深紅の代赭で描かれているが、時間と共に色あせてしまった。アボリジニの描くバイアメの絵はどれも見る者に真正面を向いている。この絵では守護を表す動作として不釣り合いなほど長い腕を広げている。天空神は心臓で話すため口はない。股間に下が

守護を表す動作、両腕を広げた形で描かれた天空神バイアメ。

るものからバイアメは男性であることが分かる――バイアメは男性の成人儀式に重要な役割を持つため、これは重要な点だ。バイアメ洞窟は女性の立ち入りが禁止されていたと思われる。

地元のウォヌルーア族によるとバイアメはドリームタイムの最中に現れて美しいもの全て――川・山・湖や、谷に住むワラビーやエミュー、カンガルーなど――を創造したという。同時に別の神マルモーは病気や悪疫など醜悪で有害なもの全てを作り出した。これを受けてバイアメは谷の人々を守るために聖なる鳥オオイヌワシを生み出し、さらに歌や法、文化を作り、少年にとっての成人式であるボラを創始した。創造が終わるとバイアメは空に登り、以来天空神としてそこにとどまっている。

ビッグホーンのメディスンホイール

場所	米国、ワイオミング州
精神的伝統	アメリカ先住民のクロー族
建造時代	1300年
観光時期	北方高地にあるため夏期以外は雪に阻まれて近づけない

ビッグホーンのメディスンホイールは、ワイオミング州ビッグホーン国有林のメディスンマウンテン峰の平原、標高3000m以上の場所にある。700年程前に山腹から集められた岩だけを使って作られたらしい。

ホイールは直径3m程のケルンを中心にして、その回りを石でできた大きな円が囲んでいる。外側の円は周囲が約70m、この円と中央ケルンは小さな石で構成されるスポーク状の線で結びつけられている。そして外円上にはさらに6つの小さいケルンが配置されている。ヨーロッパのストーンサークルと同じく、ビッグホーンのメディスンホイールも太陽・月・星と合った配置になっている。外側のケルンは人1人座れるくらいの大きさで夏至の日の出と日の入り、またメディスンマウンテンから見えるアルデバランやリゲル、シリウスと合致する。28本のスポークは太陰日の日数を表すと思われる。

ホイールの製作者が誰かは分からないが、地元クロー族の間では、赤ん坊の頃に火で大やけどを負ったことからその名をつけられた“バーントフェイス《焼けた顔》”という少年が作ったことになっている。クロー族に伝わる話はこうだ。青年になったバーントフェイスがビッグホーン山にヴィジョンクエストにやって来てメディスンホイールをこしらえた。クエストが進んだところで彼は動物に襲われかけていたワシの子を助けた。上空を飛んでいたワシがこの善行を見て彼を連れていき、感謝する動作をしながら顔から傷を取り除いたという。

ビッグホーンのメディスンホイールは昔からヴィジョンクエストに用いられてきた。

カルナック列石

場所	フランス、ブルターニュ
精神的伝統	ケルト以前
建造時代	紀元前4500〜2000年
観光時期	通年

カルナック列石はフランス北西部カルナック村近くにある古代の埋葬地だ。3000を越える立石が並ぶ世界でも有数の巨石遺構である。考古学では最も初期の石はなんと紀元前4500年頃に切り出されたとされるが、多くは紀元前3300年頃のものだ。他の石はおそらく紀元前2000年頃に加えられたと思われる。

この列石は広い範囲にわたって驚くほど直線状に配置されている。考古学上はメネク列石、ケルマリオ列石、ケルレスカン列石の3群に分類されている。メネク列石は長い石(メンヒル)で構成され、幅100m、長さは1000m以上に及ぶ。一番大きい石は高さ4mもあるが最小の石はわずか0.5m程だ。東方にはケルマリオ列石がある。これは1029個の石からなり、扇状に配置された石群が10個ある。長さは1300m程だ。俯瞰するとケルマリオ列石の東端には

ストーンサークルの遺構が見て取れる。そのさらに東に位置するのがケルレスカン列石で、合計555個の石が13列になって800mの長さに並ぶ。西端にはストーンサークルがあるが、おそらくさらに北方には別のストーンサークルが存在したと考古学者は考えている。またもっと東方に小メネク列石という小規模の列石群が見つかっているが、大半が木々とツタで隠されてしまっている。

カルナックにはドルメン(支石に板石を乗せた構造)やテュムラス(墳墓内に配置された石)も多数存在する。大きな聖ミシェル古墳もテュムラスで、1663年、その上にキリスト教の礼拝堂が建築された。新石器時代のモニュメントと同様、これらの石の精密な配列に霊的な意味がこめられていることは疑いようがない。しかも石の配列は太陽や月、星々の運行を正確に記録しているように思われる。しかし霊的な意味が何であるかは、これらの天体と同じく神秘のベールに包まれたままだ。

地元に伝わるケルト神話では、魔法使いマーリンがローマ軍を石に変えてカルナック列石を作ったことになっている。列石がこれほど整然と直線を描いているのはそのためだという。

カルナック列石は驚くほど直線的に配列されている。その目的には現代の歴史学者も頭を悩ませている。

カーナーヴォン渓谷

場所	オーストラリア、クイーンズランド州
精神的伝統	アボリジニのドリームタイム
時代	紀元前2500年
観光時期	通年。ただし雨期は近づけない

カーナーヴォン渓谷はアナング族（オーストラリア先住民）が神聖視する場所でその眺めはまさに壮観だ。クイーンズランド州のローマとエメラルド町の近くにある。偉大なる創造神が指を立てているような巨大な砂岩組織が渓谷の美しさをさらに引き立てる。洞窟や絶壁の峡谷のそちらこちらに神聖な絵や線刻画が描かれ、訪れる者は息を呑まずにいられない。

考古学によると、この高地に人が住み始めたのは1万9000年以上前だが、定住したのは紀元前2500年頃にビジャラ族がやって来てからである。見事なアートはビジャラ族の手になるものと考えられており、土地の目印にする・ドリームタイム神話を表現する・知識を残す・重要人物を讃えるなど実に様々な目的があるようだ。

中でも主にアートが残されているのはカセドラル洞窟と呼ばれる巨大な岩屋だ。一番多いのはステンシルアートで、おそらくは壁に物を押し当てた上から原始的な顔料を吹きつけただけと思われる素朴なものだ。ブーメランなどの武器とともに手形も数多く残されている。手形の一部は埋葬室を指しているらしい。洞窟に初めて入ったヨーロッパ人が、指さす手に囲まれた穴の中に子供の遺骸を発見しているからだ。

ステンシルアートの他にも自由な題材の絵や岩に刻んだ絵が見つかっている。女性の陰門も多用されるモチーフで、豊饒または性的な儀式に重要な役割を果たしていたようだ。こういう聖画はアートギャラリーという名の砂岩壁やバルーン洞窟にも数多く見られる。カーナーヴォン渓谷の作品で一番よく使われている色は赤だ。この顔料は長い年月を経ても色あせていない。

美しいカーナーヴォン渓谷は古代の絵や線刻画で飾られている。

キャロウキール

場所	アイルランド、スライゴー州
精神的伝統	古代ケルト多神教
建造時代	紀元前3400〜3100年
観光時期	通年

キャロウキールはアイルランド北西スライゴー州のブリックリーヴマウンテンの丘上にある羨道墳だ。地元ではピナクルと呼ばれ、極めて保存状態のよい14の石塚で構成される。石塚の下からは14個の墓が見つかっている。

埋葬室が最初に開かれ発掘されたのは1911年のことだ。考古学では一番新しい墓が作られたのは紀元前2000年頃だと考えられていたが、最近の年代測定法によるとどの墓も5000年以上も前に建造が始まったらしい。後に埋葬室は紀元前1500年頃に有史以前の人々が用いたようだ。またキリスト教時代にも洗礼を受けていない子供の埋葬に利用された。

埋葬室にはそれぞれ這って通るしかない狭い通路を抜けて入る。最大の埋葬室は幅30m程、最小は周囲8m程だ。各埋葬室の屋根は石灰岩の石板で作られ、さらにその上に小さめの石が数多く積まれてこんもりした石塚を形成している。埋葬室の中では死者の骨のそばに陶器と鹿の角を材料にした

原始的な道具類が置かれていた。

キャロウキール墳墓のスピリチュアルな目的は今もって謎のままだ。しかし石塚の1つ——ケルンGと名前がつけられている——通路の上にライトボックスが設置されており、埋葬室が夏至の前後各1ヵ月は沈む太陽に、冬至の前後各1ヵ月は月の光に照らされる仕組みになっている。ケルンKと名づけられた別の石塚にはクローチパトリックストーンという岩が使われている。120km離れた所にあるクローチパトリック山に形がよく似ているためこの名がついた。ケルンKからはケルト新年の最初の日サムハイン(11月1日)と、冬至と春分の中間に当たるインボルク(2月2日)にクローチパトリック山の真後ろに沈む夕日がのぞめる。ここから石塚の設計には天体的な深い意味があることがうかがえる。

キャロウキールで最も早く作られた羨道墳は5000年以上も前のものだという。

サーンアバス

場所	イングランド、ドーセット州
精神的伝統	多神教
関係する神	ケルヌンノス／ヘラクレス
建造時代	不詳
観光時期	通年

サーンアバス村はイングランド西部ドーチェスターの北方数km、ゆったりと流れるサーン川の川岸にある。サーンアバスには987年に大規模なベネディクト会修道院が建築されたが、残念ながらヘンリー8世によって原形をとどめないくらいに破壊されてしまった。以来、村の信仰生活は13世紀後半に建てられ今なお当初の造作の大部分を保ちつづけている聖マリア教会が中心となった。しかしサーンアバスが聖地として有名なのは修道院のせいでも教会のおかげでもない。丘の急斜面に描かれた“ルードマン《不作法な奴》”故である。

ルードマン――ルードジャイアントとも呼ばれる――は大きな棍棒を振りかざした裸の男の姿を大地に刻みこんだ絵だ。縦55m、横幅51m程で、数km離れていてもはっきりと見える。眺めるには谷の反対側がベストポジションだろう。この壮大な絵は白亜質の地面に細長い溝を彫りこんで白い線を浮かび上がらせたもので、イングランドの丘絵に多く見られる手法である。多神教の一環として作られたこの絵の一番の特徴は男性の男根が生き生きと描かれている所だろう。男根は誇らしげに直立し、肋骨にまで届いている。さて、地元の修道士はこの不作法な眺めを見てどう思ったことだろう。

巨人の作者は分からないが、巨人の頭上の地点ではキリスト教による弾圧が行われた1635年までメイポールダンス――多神教の豊饒を願う重要な儀式――が行われていたことが記録に残っている。

巨人はケルトの豊饒神ケルヌンノスだとする説や、棍棒を振り上げた姿で描かれることも多いヘラクレスだと見る説もある。

サーンアバスのルードマンは古代における豊饒のシンボル。

イースター島

場所	太平洋南東部
精神的伝統	ラパヌイ
建造時代	300年以降
観光時期	通年

イースター島は太平洋南東部、チリ沿岸から3540km離れた所にある。人が住む島では世界一の絶海の孤島だ。最初にヨーロッパ人が発見したのは1722年で、当時は2000～3000人のラパヌイ人が住んでいたと思われ、多くの丘や窪地に何百体もの巨大な石像が立っていた。現在はその石像によって世界的に有名な島である。

最初に人間が定住したのはいつ頃か、また石像がいつ建てられたのか、正確には分かっていないが、300～1200年の間ではないかと考えられている。残念ながら1860年代に島民のほとんどが非情なペルーの奴隷商人の手によって殺されるか、または彼らが持ちこんだ病気にかかって命を落とした。生き残った者も死んだ者の土地の権利を争って死んでしまった。その後島の人口は回復には向かったが、歴史を知る手がかりは事実上すべて失われた。

海の彼方を見つめるモアイの石像。ほぼ切れ目なく島の海岸線を囲んでいる。

考古学ではモアイといわれる巨大な石像のほとんどがラノララク火山によって生成された凝灰岩を材料に、同時期に作られたと推測されている。原始的な石製の手ノミも見つかっており、不思議なモアイ像は主にこれを用いて作られたようだ。像はそれぞれ首長か重要人物を表しているとされ、パロと呼ばれる最大の像は81t以上あり、またこれと同程度のものもいくつか存在する。パロは運搬して地面に建てるのに200人以上の人力が必要だったと思われるため、ラパヌイ族にとって石像が極めて重要だったことがうかがえる。モアイ像の大半は内陸側に向けられ、島を囲むように0.8km間隔でほぼ切れ目なく建てられている。

石像の他にもイースター島は多数のペトログリフ（岩に刻みこまれた絵）が残る世界有数の島として知られる。題材は重要人物やできごと、宗教的シンボル、トーテム像など様々である。

ノウス

場所	アイルランド、ミース州
精神的伝統	有史以前の多神教
建造時代	紀元前3000年
観光時期	通年

ノウスは青銅器時代初期に建造された不思議な羨道墳でアイルランドはミース州にある。有史以前に歴史を遡れるニューグレンジ遺跡の近くだ。湿った緑の地から盛り上がる巨大な墳墓は直径100m程、美しい装飾を施した石で構成され、その回りを19個の小さい墳墓が囲む。

大きな塚が建造されたのは5000年以上前で、模様を彫りこんだ100個を越える石で縁取られている。東と西から2つの羨道が延びているが中でつながっていず、それぞれの羨道の先に石室がある。羨道と墓はオーソスタットという装飾的な石材で飾られ、そこには渦巻や幾重にも重なった長方形や円などの様々な幾何学形が線刻されている。興味深いことに石室に遺骸そのものは埋葬されていない。外で行われた祭儀で火葬された遺灰が収められているのだ。

墳墓建造以前の時代（紀元前3800～3400年）、地元の人々は長方形の木造家屋と、差し渡し100mの長い木柵を作った。しかし墳墓の建造時代（紀元前3300～2900年）になるとどういうわけか円形の木造家屋に住むようになる。

続く数百年の間に羨道墳は使われなくなり、“ウッドヘンジ”と呼ばれる木材を並べたサークルが作られた。紀元前2500年頃には新たな部族がノウスを占有する。

後世の人々は大きな墳墓を砦として利用し、周囲に深い溝を掘って攻撃に供えた。800年頃になるとノースブレーガ王の住居になり、12世紀にノルマン人が要塞にして防御壁を追加建築した。しかし1400年頃、ノウスは完全に忘れ去られてしまう。

この神聖な墳墓が作られた目的は分からないが、装飾を施された石からは作り手の深い洞察力がうかがえる。例えば東の石室で発見されたオーソスタットには月の地図が刻まれており、“危機の海”が明確に見て取れる。私たちにできるのは、畏怖を覚えずにはいられない謎に驚くことだけだ。

ミース州にある巨大な墳墓は5000年以上前に建造された。建材の石の多くには複雑な模様が刻みこまれている。

ロッククルー

場所	アイルランド、ミース州
精神的伝統	新石器時代
建造時代	紀元前4000～3200年
観光時期	通年。ただし春分と秋分は 特に神聖な日とされる

ロッククルーはミース州オールドキャッスルの近くにある巨石墳墓で、アイルランドでも群を抜いて重要な聖地だ。全部で30以上の大きな石塚が発見されており、新石器時代に世界で一番頻用された聖地でもある。石塚の1つは春分の日の日の出の位置と合わせてあることが分かっている。

ロッククルーは3つのエリアに分かれている。うち2つはカーンベインウエストとカーンベインイーストという墳墓で丘の上にある。もう1つは近くの斜面にあるパトリックズタウンヒルだが、ここの石碑は損傷がひどい。現在見られるような石塚は紀元前3200年頃の建造と考えられていたが、最近大きく進歩した天文考古学によるとさらに古く、おそらくは紀元前4000年頃のものだとされる。その頃だと1年の重要な時期の太陽運行といくつかの羨道の作りがぴったり合うためだ。遺骸が一部の埋葬室でしか見つかっていない理由もこれでうなずける。主な目的は埋葬ではなく天文的なものだったのだろう。

開かれた墳墓の中には、石を支柱にした十字型の石室がある。支柱石は幾何学形や葉などのペトログリフで装飾されている。スピリチュアルな探求者に特別人気なのがカーベインイーストのケルンTといわれる石塚だ。この奥にはサンホイールなど太陽のシンボルが彫りこまれた美しい石が配置されている。春分と秋分には羨道入り口から差しこむ日の出の光に照らされるが、今やこれを見ようと現代の太陽崇拝者が押しかけている。カーベインウェストのケルンLでも同様なことが起こるといわれ、11月と2月のクロスクォータデイ（“至点”と“分点”の中間）になると石室内に立つ石柱に日光が当たるらしい。しかし現在このケルンには入れなくなっており、確かめる術はない。

複雑な彫刻が施されたケルンTの奥の石。春分と秋分の日の出には羨道入り口から差しこむ光がこの石を照らす。

ナスカの地上絵

場所	ペルー、ナスカ砂漠
精神的伝統	ナスカ
建造時代	紀元前2000年〜紀元700年
観光時期	通年

ナスカの地上絵は不思議としかいいようのない一群の古代画で、ペルー南方の海岸から少し内陸に入った位置にあるナスカ砂漠に刻みこまれている。この巨大な絵は差し渡し80km以上の範囲に渡り、ミステリアスな幾何学形や動物・魚・昆虫・鳥が描かれている。特筆すべきはそのサイズで、大きすぎて空中からでないと何が描かれているのか分からない。

この絵は700年頃まで現地に住んでいたナスカ人によって2700年程前に作られたと考えられている。原始的な道具で砂漠を覆う赤い岩の表面層を取り除き、下の明るい色を露出させて線を描いたようだ。驚くほど端正なデザイン故に歴史学者はナスカ人が杭に紐をつけて測量する方法で絵を描いたと見ている。砂漠でほとんど降雨がなくあまり風も吹かない気候条件のおかげで巨大絵の保存状態は極めて良好だ。

歴史学では主に宗教的な目的に用いられたという説が一般的だが、正確な意味についてははっきりと分かってはいない。太陽・月・星の運行に合致する天文学的な機能を持つという説や、ナスカ人が水源の位置が不明にならないように絵を用いて示したという説もある。一緒に描かれている動物たちはこの重要な作業を補佐するためのトーテムだと考える歴史学者もいる。また地上絵はナスカ人が飛行技術を持っていた証拠であり、熱気球を作って上から絵を見たのではと推測する説もあるが、これを証明または否定するだけの裏づけは未だ見つかっていない。中でも破天荒なのはスイスの作家エーリッヒ・フォン・デニケンが唱えた主張で、地上絵は古代の着陸場であり、エイリアンの宇宙船のために作られた可能性があるというものだ。デニケンは丸い頭部を持つ人物の1つを“宇宙飛行士”だと述べている。ナスカ人の書記言語は残っていないため地上絵の本当の目的は分からないが、作られてから数千年を経た今も見る者を楽しませてくれる。

ナスカに刻みこまれた古代絵はあまりに大きいため空中からでないと全貌を把握できない。

ニューグレンジ

場所	アイルランド、ラウス州
精神的伝統	新石器時代の多神教、ケルト多神教
建造時代	紀元前3000年
観光時期	通年。ただし冬至に内部へ光が差しこむ特別なイベントを見たい観光客は、毎年行われるくじに当選して参加権を得なければならない

ニューグレンジはダブリンから70km程北方、アイリッシュ海から15km、ミース州の緑の丘の上にある。5000年以上前に作られた巨大墳墓であり、世界でも群を抜いて重要な有史以前の聖地として広く知られている。最近の研究によって埋葬だけではなく天文学的な目的があったことも分かっている。

大きさは差し渡し75m、高さ12m程で、塚を取り囲む石壁がとある場所でくぼんでいる。そこには小さな入り口が開けられ、入ると20m近く続く石造りの通路が延び、その先に十字型の埋葬室がある。埋葬室の隅には火葬された人間の遺骸が残っていた。また埋葬室の壁は3つの渦巻モチーフなど見事な巨石時代のアートで飾られている。塚を支える縁石もそのほとんどに円やジグザグ、菱形などの幾何学模様が刻まれている。1000年程後、塚を取り囲むように大きなストーンサークルがいくつも作られるが、現在は12個の巨石柱しか残っていない。

ケルト神話にもニューグレンジが重要なモチーフとして登場する。ニューグレンジは妖精の塚であり、ダヌー女神を崇拝しかつては神族でもあったトゥアハ・デ・ダナーンの住まいだという。古代神話では神の王ダグザがこの大きな妖精の塚を作ったと伝えられるが、ニューグレンジはケルト鉄器時代の神話より少なくとも2000年前から存在していた。

1967年12月21日、M・J・オケリー教授が埋葬室の中に立っていると、不意に床が明るくなった。入り口上に置かれたルーフボックスから長い通路を通って、日の出の光が差しこんでいたのである。現在では日の出から4分後に光が入るが、天文学的な計算によると5000年前の冬至には日の出と同時にこの現象が起こったことが証明されている。現代の観光客もこの心躍るイベントを追体験できる。ツアーの最後にガイドが塚の中に全員を集めて照明を消す。そして太陽を模した1個のライトを点灯するのである。ただし本物を見るにはくじに当選しなければならない。

ニューグレンジの巨大な石塚には埋葬の他にも天文学的な目的がある。

ピーターボロのペトログリフ

場所	カナダ、オンタリオ州
精神的伝統	アルゴンキン族のシャーマニズム
建造時代	900〜1400年、またはそれ以前
観光時期	毎年パークは5月にオープンし 11月に閉園する

ピーターボロのペトログリフはカナダはオンタリオ州のピーターボロから50km北方にある神聖な岩絵群だ。現在、石灰岩に刻みこまれた絵が900以上も確認でき、題材もカメ・蛇・太陽・シャーマン・幾何学模様・儀式用の船など多岐に渡る。この聖地は1950年代に発見されるまで全く忘れ去られていた。

学問的には、現在ファーストネイションに分類されるアルゴンキン族によっておよそ1000年前に描かれたとする説が有力だ。しかしこれには多くの研究者が異を唱えている。岩絵の船がアメリカ先住民が利用していたものとは似ておらず、むしろ数千km離れた古代ロシアやスカンジナビアのペトログリフに描かれたシャーマニックな船にそっくりだというのだ。こちらの研究者はピーターボロのペトログリフの一部は1000年よりはるかに前、ひょっとすると5000年以上前の可能性もあると考えている。

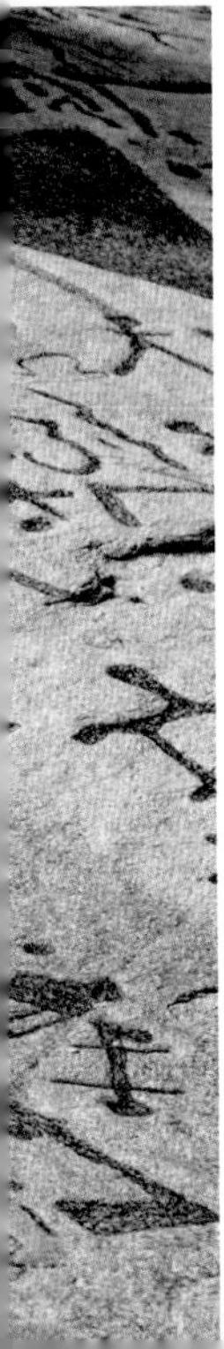

ピーターボロの見事な岩絵の起源やスピリチュアルな用途は神秘のベールに包まれたままだ。

現在、地元に住むオジブワ族などのアメリカ先住民はこれらの絵を“kino-magewapkong”、すなわち“教えの岩”と呼び、若者がこの地に巡礼に赴く際の教育用に用いている。オジブワ族によれば神聖なのは絵ではなく絵が刻まれた50×30m程の大きな岩で、岩の割れ目から精霊界に入ることができ、地下水の音は精霊が語る声なのだという。オジブワ族は彼らの祖先が絵を刻んだと主張するが、ヨーロッパ風の絵の意味や、これほど長い間忘れ去られていた理由を説明することはできないようだ。

現代の考古学では、ファーストネイションの部族がピーターボロにやって来たと思われる時期よりはるか以前に人類が住んでいたことが分かっており、異端の研究者は彼らこそ絵を刻みこんだ当事者だと考えている。ある絵についてヴァイキングの探検者が作成した精巧な太陽位置図だととらえる説もあり、ここから彼らは絵が描かれた年代を紀元前3117年にまで絞りこんでいる。

サーペントマウンド

場所	米国、オハイオ州
精神的伝統	アメリカ先住民
建造時代	1000～1500年
観光時期	通年

サーペントマウンドはオハイオ州アダムス郡にある。サーペントマウントクレーターのやや平らな尾根にそい、400m以上に渡って延びる壮大な人工モニュメントだ。高さは1mちょっと、蛇行するヘビが卵を呑みこもうとする瞬間をとらえたような形をしている。この見応えある土塁はおそらく1000年程前に作られたと考えられる。

考古学によるとサーペントマウンド周辺に初めて定住したのはアデナ人で、2500年以上前のことだ。遺された道具類から、現在のサーペントマウンドの近くに円錐形の埋葬塚を2つと、他にも多くの埋葬塚を作ったことがうかがえる。後者は木造または粘土で内張をした墓室が多く、鮮やかに彩色され神聖な宝物が副葬されているケースもよく見られる。

大体1000～1500年頃、フォートエンシェント文化を担った人々がサーペントマウンド周辺に定住した。彼らはヘビの尻尾に当たる部分のそばに楕円形の埋葬塚を作った。サーペントを建造したのがアデナ人かフォートエンシェントの人々か長い間不明だった。証拠となるような人工品が一切見つからなかったためである。おそらくアデナ人だろうと思われていたが、最近の放射性炭素年代測定法によって少なくともサーペントマウンドの一部が建造されたのは11世紀であり、フォートエンシェント文化に属することが判明した。それでもアデナ人による塚に触発されたことは間違いないため、サーペントマウンドは両文化の両方の人々によって作られたというのがフェアかもしれない。

面白いことにヘビの頭は夏至の日没の方を向き、尻尾のとぐろのほうは冬至の日の出の方向を向いている。ただし尻尾の方向は正確とはいえない。巨大なヘビの用途も明確には分かっていない。他の塚のように埋葬に使われた様子もなく、空中からしか全貌を把握できない。もしかすると神を喜ばせ、下界の人間に慈悲を乞うためのものだったのかもしれない。ヘビは多くの古代信仰で再生を表す強力なシンボルだった。ヘビは脱皮する上に、サーペントマウンドに描かれるように卵を食べ、また卵から生まれるからだ。

不可思議な形象墳、サーペントマウンドは1000年程前に作られたと思われる。体をくねらせる蛇が卵を食べる所が描かれている。

ストーンヘンジ

場所	イングランド、ウィルトシャー州
精神的伝統	不明だったが最近はドルイド教の多神教だとされている
建造時代	紀元前3100〜2200年
観光時期	通年

ストーンヘンジはイングランド南西部エームズベリー町の近くにある平原に立つ古代のストーンサークルだ。最初にストーンが建てられた正確な時期については異論があるが、考古学では周囲を囲む円形の土塁は5000年以上前に建造が始まったことが確認されており、本来この地は墓室として使われていたようだ。他の用途は未だ謎に包まれ、議論を呼んでいる。

それまで伝わっていた古い伝説を12世紀にモンマスのジェフリーが書き留めた記録によると、ストーンヘンジはアーサー王と円卓の騎士に仕えた魔術師マーリンによってアイルランドからイングランドに運ばれたという。石は元々アフリカで採掘されたもので、特

イングランド南西部にあるミステリアスなストーンサークル、ストーンヘンジ。太陽・月・星の運行に合わせて配置されている。

別な癒しの力を利用するため巨人によってキラウス山(アイルランド神話に登場する山)に立てられていた。当初は騎士たちがイングランドへ石を運ぼうとしたのだがあまりの重さに運搬がかなわず、魔術で処するべくマーリンが召喚された。さらにジェフリーはウーゼル・ペンドラゴン(アーサー王の父)とコンスタンチヌス3世(伝説の王でアーサー王の親戚)の遺骸がストーンサークル内に埋葬されたとも述べている。

ブルーストーンと呼ばれる立石は紀元前2600年頃にウェールズから運ばれて土塁の内側に置かれ、2重の同心円状に配置されたことが考古学的に証明

されている。現在はこのうち43個の石が残っている。また同時期にヒールストーンと呼ばれる巨石もサークル北東部にある入り口のすぐ外側に立てられた。さらに2または3個の巨石（スローターストーン）がサークル内側すぐの位置に置かれた。この巨石は現在1個しか残っていない。特筆すべきは北東の入り口が夏至と冬至の日の出方向と完全に一致する点で、ストーンサークルに深い天文学的な目的が込められていたことがうかがえる。この頃オーブリーホールという56個の竪穴もサークル内側に掘られたが、その用途は今なお異説紛々である。

続く200年程の間に巨大なサルセン石が運びこまれ、ブルーストーン周囲をぐるりと囲むように環状に配置された。その上には大きなまぐさ石が渡され、ここに至りサークルの高さは5m近くに達することになる。このサルセン石の環の中には5つの巨大なトリリトン(2つの立石の上にまぐさ石を乗せたもの）が立てられた。この石はそれぞれ51tもに及ぶ重さがある。これらの巨大な石を運んだ方法はサークルの霊的意味と同じく不可解な謎のままだ。

ストーンヘンジは天文観測所としての機能を持ち、火葬と埋葬などの祭儀が行われる場所だったというのが一般的な考え方だ。20世紀後半、米国の天文学者ジェラルド・ホーキンスがストーンヘンジの配置を詳細に検討した研究を発表した。それによると、立石とトリリトンは冬至および夏至の月の出と月の入り、日の出と日没を予想する役目があったという。さらにホーキンスはオーブリーホールを用いて19年ごとに起こる月食の予測が可能なことを示してみせた。以来、他の天文学者もストーンヘンジを利用して極めて正確に太陽と月の事象を予測し、彼の説をさらに発展させている。こういった説に反対する意見も多いが、その大半は、ほとんど文字言語を持たない原始的な時代に数学や天文学の詳しい知識があるはずがないと考える人々によるものだ。

現在、ストーンヘンジには引きも切らず人々が押し寄せるが、多くの人は畏敬の念に打たれて周囲の草原に立ちつくし、その計り知れない謎に思いを巡らせているようだ。現代のドルイド信者はストーンヘンジを巡礼の地であるととらえ、許可を得て夏至と冬至、春分と秋分に祭儀を行っている。

紀元前2500年頃の土塁・メインのストーンサークル・内側のトリリトン・立石の想像図。

ステネス立石

場所	スコットランド、オークニー諸島
精神的伝統	新石器時代および 古代スカンジナヴィアの多神教
建造時代	紀元前3100年頃
観光時期	通年

ステネス立石（スタンディング・ストーンズ・オブ・ステネス）は新石器時代の見事なモニュメントで、スコットランド北東に位置するオークニー諸島にある。ステネス湖の南東岸にその姿を見ることができるが、本来の立石のうち残っているのはわずかだ。しかしなぜか感嘆せずにはいられない。リング・オブ・ブロッガーやメイズホウなどの石碑もわずか1km程の距離に分布し、はるか昔、新石器時代の人々にとってこの地が特別神聖な場所だったことがうかがえる。

立石のほとんどは元々12個の石から構成される楕円形に配置される予定だったようだが、最後の2つが設置される前にうち捨てられたのではないかと考古学者は考えている。これらモノリスは4つしか残っていないが5mの高さ

に対して厚さが30cmしかなく、その姿は極めて薄くてエレガントである。

サークル周囲の石場には深い溝が掘られ、さらにその外側に土塁が築かれている。また円から外れた所に6m近いウォッチストーンが立てられている。サークルの中には小さめの石が数多く置かれ、中央の石の上からは火葬された骨が見つかっている。サークル建造が始まってから約5000年経過しているため、正確な霊的目的を解明するのは非常に困難だ。しかし17世紀にスカンジナヴィア人により結婚式やその他の儀式の場として利用されていたことは確かで、当時は“月の神殿《テンプル・オブ・ザ・ムーン》”と呼ばれていた。

ステネス立石には有名なオーディンストーンという穴の開いた石も含まれる。オーディンストーンは1814年、キャプテン・W・マッカイという男が破壊し、地元の人々を激怒させた。オーディンストーンの穴部分は1988年になって考古学者が発見している。地元の伝承によると、ステネス立石では毎年5日間をかけて新年の祝宴が催されたという。若いカップルはこの祭礼中にストーンサークルの所に行き、神聖な結婚式を挙げた。女性はひざまずいてオーディン神に祈り、さらにリング・オブ・ブロッガーを訪れて祈りをくり返す。最後にオーディンストーンへと移動して結婚の儀式を終える――オーディンストーンの穴を通して手を繋ぎ、結婚の誓いを宣言するのである。

ステネス立石は驚くほど薄くエレガント。
5000年以上前に立てられた。

テノチティトラン

場所	メキシコ、メキシコシティ
精神的伝統	アステカ
関係する神	ケツァルコアトル
建造時代	1325〜1521年
観光時期	通年

古代都市テノチティトランはかつて中米のアステカ王国の首都だった。14世紀初期にテスココ湖の島上に建造され、16世紀初めにスペイン人に征服されるまで栄えた。スペイン人はそのまま定住し、メキシコ全土を管理する行政中心地として利用した。現在もテノチティトランの遺構をメキシコシティの中央で見ることができる。

古代アステカには、大きな未来の都市はヘビをくわえてサボテンにとまる鷲が現れる場所にできるいう予言があった。1325年、テスココ湖の湿地でアステカ人がまさにこの通りの場面を目撃したという。彼らはすぐさま左右対称の大都市を計画し、建築に着手した。そのためには湖を干拓して土地を広げる必要もあった。都市が発展するにつれアステカ人の勢いも増し、近くの部族を従えるようになる。アウィツォトルの治世に大洪水が起こったが、アステカ人はさらに大きな都市を建造し直した。

1519年にスペイン人が攻撃をしかけた時、テノチティトランは人口が20万人、ことによると35万人ほどと世界でも有数の都市だった――ヨーロッパのほとんどの都市よりも大きかったくらいだ。多数の公共の建物、学校、巨大ピラミッド、羽の生えた蛇ケツァルコアトルなどのアステカ神を祭った贅沢な神殿があった。当時テノチティトランを統べていたモクテスマ皇帝の宮殿は非常に広く、100以上ある部屋にはすべて風呂がついていた。ほ乳類やは虫類、猛禽類を飼う動物園や、異国の魚を泳がせる水槽も備わっていた。残念なことにスペインのコンキスタドールがほとんど跡形を留めないほどテノチティトランを破壊してしまった。最近行われた発掘では大きなカレンダーストーンや古い建造物が発見されている。

島上の都市テノチティトラン。1519年にスペイン人が征服するまで世界有数の都市だった。

カラニッシュのストーンリング

場所	スコットランド、ルイス島
精神的伝統	古代多神教
建造時代	紀元前3400〜2600年
観光時期	通年

カラニッシュの立石（カラニッシュのストーンリング）はスコットランドのアウターヘブリディーズ諸島の一部、ルイス島の西岸にある。全部で13個の銀白色でエレガントなフォルムの巨石が草地に立てられ、周囲40m程の円形を形作っている。またサークルから東西南北に向けて2列の立石が延びている。一番長くて明確に2列になっている列は北向きのものだ。最も背が高い石は5m余、最短でわずかに1mだが、石の大半はかなり背高で細長い。

考古学上は紀元前3400～2600年頃に建造されたことになっているが、もっと長期に渡って利用されていた証拠が見つかっている。最長の石の下には人間の遺骸が収められた埋葬用石塚が発見されているものの、これは後世につけ加えられたもので立石本来の用途ではない。地元にはこんな伝説がある。聖キランがカラニッシュを訪れた際に巨人族に出会った。しかし巨人は聖霊を受け入れようとせず、その罰として石にされてしまったのだという。

この壮大なモニュメントが立てられた理由については様々な推測があるが、ほとんどの説は太陽・月・星の運行を軸に据えている。注目すべきは、はるか昔カラニッシュから見あげる天空は澄みきっていたが、紀元前1500年位から北ヨーロッパの気候が冷涼になって曇り空が多くなった点だ。中央の円形から北向きに延びるラインは遠くのクリシャム山に沈む夏至の頃の満月と合致していると主張する学者もいるが、明確な証拠はない。また本来の石の位置は曇天になる前のプレアデス、カペラ、アルタイルの配置と同じだったのではという説もあるが、やはりこれもそうデザインされたのではなく偶然の相似だろう。古代の人々がカラニッシュにストーンサークルを作った理由は分からないままかもしれない。しかしその中に立つだけでも神秘と畏怖の念を感じることから、霊的な意図があったことは間違いない。

カラニッシュのストーンリングは13個の銀白色の石で構成されている。ルイス島の平らな草地に優雅に直立している。

ティワナク

場所	ボリビア、ティティカカ湖
精神的伝統	ティアワナコ、インカ
関係する神	ヴィラコチャ
建造時代	300～900年頃
観光時期	通年。毎年6月21日に冬至の祭が行われる

古代都市ティワナクはボリビア西部のティティカカ湖岸にある。ティアワナコというプレインカの初期アンデス文明によって建造された。神殿や大きな門、ピラミッド、立石群などを擁し、その多くに地球上のものならぬエイリアンのような不思議な顔が彫りこまれている。現在、ティワナクを訪れて冬至の祭儀に参加するニューエイジのスピリチュアリティ信仰者もいる。

ティワナク周辺には少なくとも2500年前に農民が定住したが、現在残っているような巨大なモニュメント的構造物が作られたのはティアワナコ人が栄え始めた5世紀からだ。続く500年間にティアワナコ人はティワナクを首都として広大な帝国を築いた。しかしこの文明は1000年頃に起こった大干魃のせいでほぼ壊滅してしまったようだ。15世紀にはインカがティワナクを乗っ取る。インカではそばのティティカカ湖に住むというインカの偉大な神ヴィラコチャがティワナクを作ったと信じられていた。そのインカ人も16世紀半ばのスペイン人によるボリビア征服の際に敗北を余儀なくされ、同時にティワナクの宝の大半が分散または破壊の憂き目にあった。幸い巨大な石像のいくつかは放置されて現地に残り、売り飛ばされた少数の工芸品は地元の博物館に収蔵されることとなった。

ティワナクで特筆すべきモニュメントはアカパナピラミッドだ。何世紀にも渡る徹底的な略奪行為によって現在は痕跡程度しか残っていないが、考古学的な調査で700年頃に都市の他の建築工事を全てストップしてピラミッド建造に注力したことが分かっている。しか

し結局ピラミッドは完成しなかった。まるで迫りつつある大干魃を知っていたように、貯水施設として建造されたのではないかと考古学者は推測する。また興味深い神殿の1つが赤い砂岩で作られた地下神殿だ。この神殿の壁には100以上の顔が彫りこまれているが、どれもやたらエイリアンにそっくりなのである。

息を呑むようなプレインカ都市、5世紀の建造直後のティワナク想像図。

コパン

場所	ホンジュラス、コパンルイナス
精神的伝統	マヤ
建造時代	5〜9世紀
観光時期	通年

コパンはホンジュラス西部、今のコパンルイナス市に隣接するマヤ文明の都市だ。廃墟と化したこの都市はグアテマラ国境の近く、ジャングルの動物にあふれる山に囲まれ、緑豊かな谷の中にひっそりと佇んでいる。現在コパンはアメリカ全土でも最も素晴らしいプレコロンビア芸術を擁する地として評判だ。中でも有名なのは遺構を飾る見事な石像である。

コパンに古代マヤ王国シュクピが興ったのは2世紀のことだ。5世紀には近隣における権力の中心地となり、続く数百年の間に都市の至る所に多数の大宮殿や階段式ピラミッド、神殿、行進用の道が造成される。これらの建造物は、精巧な彫刻を施した石板を複雑に組み合わせた仕様——ポートレートステラと呼ばれる——で一様に装飾されており、それが素晴らしい効果を生み出して現代の観光客の目をも楽しませている。

コパンに大きな石碑が最後に建てられたのは822年、そして900年頃には衰退の一途をたどるが、その理由は歴史学者にもよく分かっていない。侵略や革命が起きたのか、環境災害もしくは気候が悪くなったのか、それとも単に住民が神への信仰を失ったのか、コパンの弱体化は謎に包まれたままだ。16世紀にスペイン人がやって来た時も既にうち捨てられて久しかった。

今も調査は続いているが、多くの遺跡の中でも素晴らしいのはアクロポリス、球技場、神聖文字の階段、グレートプラザ（大広場）だ。グレートプラザは本当に広く、多くの祭壇が置かれ、精巧なポートレートステラがふんだんに使われてプラザを飾っている。神聖文字の階段は63段あるが、ブロックの大半は元の順番を無視して組み直されてしまった。階段には何千もの絵文字が刻みこまれ、発見されているマヤの文章では最長のものだが、正確な意味は未だ不明である。アクロポリスには注目すべき神殿がいくつかあり、うち1つは神の世界への入り口として利用されていた。球技場は中米で発見されたものの中で2番目に大きい。コパンではインコの頭像が球技場の装飾に用いられている。考古学ではこれを的としてボールを投げたというのが定説だ。なんと勝者は生け贄となる運命をもって報いられたという。

マヤの都市コパンの想像図。素晴らしい石像で知られる。

オクマルギ国定記念物

場所	米国、ジョージア州
精神的伝統	ミシシッピ域アメリカ先住民
建造時代	900〜1350年
観光時期	通年

オクマルギ国定記念物はジョージア州メイコンにあり、古代の埋葬塚と神殿塚、オクマルギ川の近くのアースロッジからなる。周辺に人間が定住したのは1万1000年以上前だが、テンプルマウンド（神殿塚）は900〜1350年頃にウィスコンシン〜ジョージア〜フロリダで繁栄した高度な文化、ミシシッピ文化により1000余年前に作られた。

グレートテンプルマウンドはメイコン台地から18m程の高さで盛り上がり、またその下には15mの高さの川岸が続いているため、近辺では随一の眺望だっただろう。この神殿では常時火がともされていたことが痕跡からうかがえる。また神官や首長の住まいにも使われていたようだ。マウンドの上には大きな木製の彫像が椅子代わりにしつらえられ、地面から階段が続いていた。

しかしここでの崇拝の対象は今なお不明である。周辺で他にもテンプルマウ

ンドが発見されたが大きさや規模はグレートテンプルマウンドが1番である。

グレートアースロッジは平たい円錐形の大きな土小屋で、片側に木柱製の入り口がある。外側が草で覆われているが大部分は再建されたものだ。ただし内部の床は完全に当初のままである。見つかった工芸品により、ここが何らかの会合所だったことが分かっている。広い室の中、50人が大きな円形に集い、おそらくはその日の問題について話し合って結論を下していたと思われる。

1350年頃にはミシシッピ文化が衰退しラマーマウンドという塚が建造された。この中には北米で唯一のらせん状の塚が含まれているが、メキシコで酷似した塚が2つ見つかっている。ここから考古学ではミシシッピ文化を担った人々は元々カヌーではるばる西へとやってきて、マスコギ語で“彼らが腰を下ろした所”という意味のオクマルギとい

大きなアースロッジは平たい円錐形で、入り口は木柱でできている。

モンテアルバン

場所	メキシコ、オアハカ
精神的伝統	サポテク、ミステク
建造時代	紀元前500～紀元700年
観光時期	通年

モンテアルバンは古代プレマヤ都市でメキシコ南部のオアハカから10km程西にある。低い丘陵の頂上に作られた見事な石造遺跡からは、遠くの雄大な山並みに向けて広がる緑の平原を一望できる。現在のところこの神秘的な遺跡の10分の1しか発掘されていない。

モンテアルバンはサポテク族により紀元前500年頃に建造された。続く500年間に都市は発達し、オアハカを支配する帝国の政治的・宗教的な中心地となる。しかし紀元500年頃には衰亡に向かい、300年後には打ち捨てられてしまった。16世紀にスペイン人がやってくる前は宗教建造物を受け継いだミステク族によって祭儀に再利用されていた。

最も重要な遺跡は下の平原から400m程に位置し、人の手で作られた尾根の上とその周辺に建てられている。この広い尾根にはメインプラザ（大広間）があるが、このプラザには、今も昔と変わらず北または南から巨大な石段を登って行く。東と西にはかつて大神殿と広い球技場がしつらえられていたマウンドがある。メインプラザのあちらこちらに彫刻を施された石造モニュメントが見られ、その多くに拷問を受ける捕虜（性器を切断された姿もある）などの他ではあまり見ない困惑を誘う像が刻みこまれている。その他には場所の名が記された石もあるが、おそらくはサポテク族が征服した都市の名だと考えられる。また100を越える石墓が発見され、後にミステク族が再利用していた。

プレマヤ都市モンテアルバン。紀元前500年頃にサポテク族が築いた。

タラの丘

場所	アイルランド、ミース州
精神的伝統	古代ケルト多神教
関係する高位聖職者	アイルランドの上王
建造時代	紀元前3500年〜紀元1200年
観光時期	通年

タラの丘はアイルランドミース州のボイン川近くにある土塁と石造モニュメントから構成される。現在は人気のない緑の丘に盛り上がる、草の生えたさほど目立たない丘陵地に過ぎないが、かつては古代アイルランド王たちが儀式を行う場として中心的な役割を担っていた。

タラの丘で最も重要なモニュメントはその頂上に座し、溝と王の砦（Ráith na Riogh）と呼ばれる土を盛り上げた要塞で囲まれている。この不思議な遺跡の中心となるのは一部が融合した2つの円形の塚だ。1つは"コーマックの居城（Teach Chormaic）"でもう1つは"王座（Forradh）"と呼ばれる。王座の中央には"運命の石（Lia Fail）"というシンプルな1m程の立石が据えられている。ケルト伝承によると、王に即位する者はこの石のそばで象徴的に女神メイヴと結婚する儀式を執り行ったとされる。王にふさわしい男が触れると石は歓喜の叫びをあげ、その声はアイルランド中に聞こえるほど大きかったという。

コーマックの居城と王座のすぐ北には"捕虜の墓（Dumha na nGiall）"と呼ばれる塚がある。これはタラでこれまで見つかった最古の遺跡で、場合によっては紀元前3500年の昔まで時代を遡れるらしい。天体の運行に合わせて配置された極めて巧みな構造の羨道墳で、かつては近くで火葬された傑人の遺灰が収められていた。古代の王は協調関係を期するため近隣の部族から人質を取っていたといわれ、"捕虜の墓"の名称はその習慣に由来する。

タラの丘は古代アイルランド王の儀式に中心的な役割を果たしていた。

隠遁地

シャスタ山

場所	米国、カリフォルニア州
精神的伝統	アメリカ先住民、ニューエイジ
関係する神	グレートスピリット
時代	紀元前2500年頃
観光時期	通年。ただし観光客はアメリカ先住民の儀式を邪魔してはいけない

シャスタ山はカリフォルニア州北端にあり高さは4000m以上、雪を頂く神々しい峻嶺でアメリカ先住民に神聖視されている。シャスタ山やその近辺はヒーリング効果と神秘体験をもたらすという評判で、魅了されてやって来るニューエイジの求道者が増えた。

山の北面には4500年前から人が住んでいたと思われるが、アメリカ先住民は9000年程前から麓で暮らしていた。地元の先住民は一様にシャスタ山を神聖視しており、アメリカ先住民の神話にも中心的な存在として登場する。シャスタ族によるとグレートスピリットが創世を決めた時、石を取り上げて空に穴を開け、氷と雪を押し固めてシャスタ山を作ったという。彼は雲間から山に下りてふもと周辺に指を押しつけ、大地から木々を生やした。それから太陽に輝くよう命じると冠雪が溶け

て木々に欠かせない水が生じ、川が流れて泉があふれ出した。木々の葉に息を吹きかけて鳥を生み、また枝を取って細かく折り川に投げ入れて魚を作った。さらに強大極まりないグリズリーベアを創造してからシャスタ山に戻って家族と暮らし始めた。地元のモードク族には、この原初の熊とグレートスピリットの娘の子孫が人間となったという話が伝わっている。

現在シャスタ山はニューエイジの精神性の中心点となっている。斜面には仏教僧院が建てられているし、付近には多くのスピリチュアルなリトリートセンターが作られている。

1987年、シャスタ山はニューエイジ運動によるハーモニックコンバージェンスの地に選ばれた。これにより多数のニューエイジ信奉者が訪れて新たな平和の時代を招くべく儀式を行った。残念なことにシャスタ山の人気がいや増しに高まるにつれ、各地からやって来て儀式を行う人々と自分たちの聖地が乱されると感じる地元のアメリカ先住民の間に摩擦が生じている。先住民は敬意と注意を持って神聖な地を扱うよう求めている。

雪を頂くシャスタ山。ニューエイジの求道者が世界中から集まる。

セドナ

場所	米国、アリゾナ州
精神的伝統	ニューエイジ
時代	有史以前
観光時期	通年

アリゾナ州北部、セドナのレッドロックはアッパーソノラ砂漠に堆積した膨大な砂岩地帯で、その光景は壮観で息を呑まずにはいられない。そこを訪れると不可思議なメサ(上が平らで側面が急な崖の台地地形)に囲まれた何もない砂漠の風景、そして日の出と日没に赤と橙に輝く深い谷に迎えられる。近年セドナはスピリチュアルな観想の地として脚光を浴び、特にニューエイジの求道者が数多くあるというエネルギーのボルテックス(渦)に惹かれて来るようになった。ボルテックスは神秘体験をもたらすのだそうだ。

セドナに特徴的な岩の目立つ地層は数億年以上かけてコロラドの台地が少しずつ浸食されてできたものだ。最初に人間がやって来たのは6000年程前と思われ、紀元前300年頃にはホホカム族が乾燥した土地を耕し始めた。後に彼らは複雑な灌漑システムを建設したが、なぜか10世紀頃にこの地を捨ててしまう。ホホカム人がいなくなった後にシナワ族が定住し、入り組んだペトログリフを刻んだ見事なプエブロ住居を作った。15世紀になるとシナワ族も突然セドナを去り、ヤヴァパイ族とアパッチ族が住むようになる。1583年にスペインのコンキスタドールが黄金を求めてやって来るが彼らも立ち去る。1902年に小さなセドナの町ができるがほとんど開発されないままの状態だった。しかし1940年代、ハリウッドの映画会社が西部劇の舞台としてうってつけであることに気づいて開拓が始まる。1960年代に初めて観光客が訪れ、1980年代にはニューエイジの求道者が押し寄せ始め、その多くがそのまま定住した。彼らは赤い岩山に"コーヒーポット"、"カシードラル"、"サンダー"など新たな名をつけた。現在セドナでは様々なワークショップが開かれるとともに研修所が置かれており、米国でも訪れる人が最も多いニューエイジの聖地となっている。特に関心を集めているのは現地で"ボルテックス"と呼ばれるスピリチュアルな渦で、セドナ随所で見られるという。科学的な方法では検知されないが経験豊富なプラクティショナーなら"感じられる"のだそうだ。ボルテックスでは神の存在を感じるよう導かれたり、心身の癒しがもたらされたりすると広く信じられている。また素晴らしい眺めを生かすべく特別に設計された教会が、セドナの地形に溶けこむようにいくつも建てられている。

心のどこかを揺さぶられるようなセドナのレッドロック。現代の米国で最も訪れる人の多いニューエイジの聖地。

アイオナ島

場所	スコットランド、 インナーヘブリディーズ諸島
精神的伝統	キリスト教、ケルト系キリスト教
建造時代	563年
観光時期	通年。ただし気候がよいのは春と夏

アイオナ島はスコットランド西海岸沖、マル島の近くにあるインナーヘブリディーズ諸島の一部をなす小さな島で、自然が抜群に美しい。563年、アイルランドから渡ってきた聖コルンバが静かなアイオナ島に修道院を建てたのをきっかけに、へんぴな場所にも関わらずこの島はスコットランドにおけるキリスト教布教活動の中心地となった。

続く数世紀の内に北ヨーロッパ中からキリスト教巡礼者が訪れるようになり、アイオナ島は王たちや高位聖職者らの埋葬地になった。歴史学者によると有名な装飾写本『ケルズの書』の大半はここで記されたという。残念ながら人里離れた立地ゆえに侵略を受けやすく、くり返し襲撃し聖なる宝物をごっそり奪っていくヴァイキングの襲撃に耐えかねて849年に修道院は閉鎖された。

1203年、ベネディクト修道院が、1208年にはベネディクト女子修道院が作られた。女子修道院の廃墟は修復されて今も見ることができる。しかし16世紀に宗教改革の波がアイオナ島にも押し寄せ、ほぼ全ての建造物と何百という手彫りの石製十字架が破壊されてしまう。幸いなことに、美しい修道院の前に立つ聖マーティンの十字架――9世紀のケルト系キリスト教芸術の素晴らしい例でもある――は無事だった。修道院の墓地にはシェイクスピアの『マクベス』で知られるマックベタッド・マックフィンレックなどスコットランドやアイルランド、フランス、ノルウェーの幾人もの王たちの墓がある。

第二次世界大戦開戦の直前にジョージ・マクロードによってエキュメニカルコミュニティが創設された。これはアイオナコミュニティと呼ばれる。現在英国でケルト系キリスト教への関心が高まっているが、その流れにはアイオナコミュニティが一役買っている。

静かに佇むベネディクト修道院の前に立つ聖マーティンの十字架。9世紀のケルト系キリスト教芸術の好例。

リンディスファーン／ホリー島

場所	イングランド、ノーサンバーランド州
精神的伝統	キリスト教、ケルト系キリスト教
建造時代	635年
観光時期	通年。ただし観光のために 渡れるのは干潮時に限る

リンディスファーン島はイングランド北西海岸沖にある小さな島だ。地元ではホリー島と呼ばれ大人の人口は200人に満たない。干潮時は土手道で本土とつながるが満潮になると島となる。小島ではあるが古代城や廃墟となった修道院を擁し『リンディスファーン福音書』の生地でもある。

リンディスファーン島は635年にオズワルド王（当時イングランドを治めていた強大な王）がアイルランド出身の聖エイダンに命じ、キリスト教をイングランドに広めるべくアイオナ島（スコットランド西岸沖、参照→p.144～145）からノーサンブリアに渡らせた時からキリスト教にとっての聖地である。聖エイダンはアイオナ島から僧の一団とともにリンディスファーン島へ移り、仲間の助力を得て修道院を創設した。その後すぐにリンディスファーン島はイングランド北東部におけるキリスト教活動の中心地となる。

793年リンディスファーン島はヴァイキングに襲撃され修道院も破壊される。しかし人々は再び集って8世紀初期には絵を多用したラテン語の新約聖書の福音書が作られた。これは現在『リンディスファーン福音書』として知られ、イードフリスという芸術家——後にリンディスファーンの司教となる——が作者だとされている。

300年後にアルドレッドという司祭が福音書の英語版を書いてオリジナルの『リンディスファーン福音書』に加えた。このテキストは現在残っている古期英語で書かれた福音書の中で最古のものであり、訪れる人々の目を楽しませている。

リンディスファーン島は多くの巡礼者や観光客を引きつけてやまない。19世紀には英国の才能あふれる芸術家J・M・W・ターナーがその素晴らしい海景を絵にしている。さらに時代を下るとイングランドにおけるケルト系キリスト教の一大中心地となり、今も求道者が新たな活力を得るべく観想しようとこの島に滞在している。

潮の干満によって陸と切り離されるリンディスファーン島は635年からキリスト教の聖地だった。

I.H.S
IHS

デヴェニッシュ島

場所	北アイルランド、ファーマナ州
精神的伝統	キリスト教
関係する聖人	聖ムレース
建造時代	6世紀
観光時期	通年。エニスキレンから デヴェニッシュフェリーを利用

デヴェニッシュ島は北アイルランドはファーマナ州のアーン湖に浮かぶ静かで美しい緑の地だ。6世紀に建てられたキリスト教修道院の跡地があり、瞑想と観想をするには最適のスポットである。何世紀もの間キリスト教巡礼者を引きつけてきた。

キリスト教に伝わる話では聖ムレースはクローチパトリック山に向かう巡礼の途中でデヴェニッシュ島に立ち寄り、修道院を創設したという。この話には続きがある。ある日彼が作業の手を止めて鳥のさえずりに耳を傾けると、鳥の声が聖霊からの働きかけのように感じた。聖ムレースは目を閉じて聞き惚れ、100年がたち、ふと顔を上げると修道院が完成していたのだそうだ。

6世紀末には島の静けさと人里離れた環境に惹かれたキリスト教修道士が島に定住する。修道院には人が集ってキリスト教を学ぶ一大拠点になった。しかし837年にヴァイキングが修道院に略奪の限りを尽くす。修道士らは建物を修復するが1157年に完全に焼け落ちてしまった。そのため新たな修道院と礼拝堂、ユニークな石塔が建造された。石塔は今も訪れる人の目を楽しませている。13世紀になると近隣にもう1つ教会が建てられ、15世紀には修道院を建て替えて、アーン湖と周囲の美しい風景が望めるセントメアリー・アウグスティノ小修道院が作られた。

デヴェニッシュ島の石塔は高さ30m、細くて表面は滑らか、神を求めるかのように天へ向けて立っている。塔の入り口は教会の西口に向いているが、塔の役割はよく分かっていない。様々な説が取り沙汰されているが一番有力なのは教会の鐘楼でかつては鐘が下がっていたのではないかというものだ。

デヴェニッシュ島の細長い石塔。修道院と教会の間に立つ。

モン・サン・ミシェル

場所	フランス、ノルマンディー地方
精神的伝統	キリスト教
関係する神	大天使ミカエル
建造時代	708年
観光時期	通年

モン・サン・ミシェルは潮の干満によって周囲を海に囲まれる小さな島で、フランス北部ノルマンディー地方の海岸近くにある。浅瀬から立ち上がる巨大な岩石群の上に中世の美しいベネディクト会修道院とキリスト教教会が建造されている様はまさに圧巻だ。

キリスト教に伝わる話によると、708年にアヴランシュ司教オベールの前に大天使ミカエルが顕現した。モン・サン・ミシェル島に教会を建てるようミカエルに告げられても従わないでいたところ、ミカエルがオベールの頭を指で押し、その頭に穴が開いた。オベールはすぐに自分の間違いを悟り、その年の内に大天使ミカエルに捧げる教会を建てた。

11世紀、モン・サン・ミシェルの頂上に立つ大きな修道院を支えるため地下に多くの礼拝堂が建造された。12世紀には教会に新たなファサードがつけ加えられ、さらに13世紀に食堂と回廊が増築される。ベネディクト会修道院は栄えて何百年も続くカトリック教徒の巡礼地となった。この見事な建物は今なお島の一番上にそびえている。

しかし16世紀、フランスにも宗教改革が広がってベネディクト会修道院は衰退の一途をたどる。フランス革命の頃には放棄され革命軍が敵を収容する監獄として用いていた。そのまま監獄となる運命と思われたが、モン・サン・ミシェル島を非常に愛したフランスの詩人ヴィクトル・ユゴーが先頭に立って回復運動を推し進め、とうとう1863年に牢獄は廃止となった。

1879年には本土と結ぶ土手道が築かれた。干潮時に歩いて島に渡ろうとする巡礼者もいたのだが、急激に潮が満ちるので溺死者が多数出たためだ。

小さな島モン・サン・ミシェルは昔からキリスト教巡礼者にとっての聖地だった。

サムイェー寺

場所	中国、チベット
精神的伝統	チベット仏教（金剛乗）
建造時代	8世紀
観光時期	気象状態が厳しいため4〜10月がベスト

サムイェー寺はチベット南のダナン県にある。平らに広がる岩場からやや隆起した丘陵地に巧みに配置され、その背後には類いまれな美しさを誇る急峻な山々がそびえる。その山々のおかげで瞑想と観想に最適な環境となっている。

当時のチベットでは仏教が廃れ始めていたが、これを再興したいと考えたティソン・デツェン王の命により775年に建てられた。王はインド僧シャーンタラクシタに建造を託し、シャーンタラクシタはダナンの縁起の良い土地を選んで作業を始めた。しかしなぜかある高さまで建てるとその度に崩れてしまうため、とうとう別の僧で音楽的な祭儀に長けたパドマサンバヴァが呼ばれた。彼がヴァジュラキーラヤという踊りを行った後は建築も順調に進み、779年に寺は完成する。

パドマサンバヴァの活躍がきっかけでチベットでは金剛乗という新たな仏教が興隆し始めた。

長い年月が経つうちに寺は現在の規模にまで拡大した。高い壁に囲まれ、寺院は大きな曼荼羅——宇宙の構造を示す複雑な円形のデザイン——の形に配置されている。本堂はブラフマーが住むという仏教の宇宙観における万物の中心、須弥山を象徴している。6階建ての建物は荘厳の一言で1階が祈りの間である。入り口にはシャーンタラクシタとパドマサンバヴァの像が、祠堂には仏陀像が置かれている。

チベットの開けた岩場にあるサムイェー寺。瞑想と観想にうってつけの地。

タクツァン寺院

場所	ブータン、パロ近く
精神的伝統	チベット仏教
関係する賢人	グル・リンポチェ
建造時代	1692年
観光時期	9〜11月がベスト。寺院までは徒歩またはラバに乗っていくしかない。訪問前は時間の余裕を持って予約が必須

タクツァン寺院はブータン西部、パロから20km北方のヒマラヤ山の絶壁の上にあり、見る者は気を揉まずにいられない。この美しい寺院の裏には8世紀にパドマサンバヴァ——別名グル・リンポチェ、ブータンにおける仏教の創始者——が4ヶ月間瞑想を続けたといわれる聖なる洞窟がある。

仏教の伝承によると、パドマサンバヴァは748年に雌の虎にまたがりヒマラヤ山脈を飛びこえてブータンにやって来たという。その頃人々は悪霊に取り憑かれており、リンポチェは人々を癒すべく祭祀を数多く行った。さらにブータン滞在中リンポチェは幾多の洞窟で瞑想した。タクツァン寺院にある有名な洞窟もその1つで、その名をそのまま訳すと“虎の巣”という意味になる。

現在の寺院は1692年に完成した。下の谷まで700m、空中に浮かぶかのような優美な寺院群は息を呑むような美しさを備え、まさに勇敢さの賜だ。7つの寺院からなり、うち1つ——クンドゥンチョルテン——は弟子によって後世の宝となるよう岩場深く安置されたグル・リンポチェの遺骸の上に建てられたといわれる。他の堂も何世紀もの間にタクツァン寺院を訪れてリンポチェと同様に様々な洞窟で瞑想したチベット仏教の主な師と関係づけられている。どの寺院にも見事な像が祭られており、また様々な仏教の神々や高僧を描いた精美な壁絵で飾られている。毎年グル・リンポチェが瞑想した洞窟が開かれ、仏僧たちが21日間の祭儀を行う。

険しい山の崖の上ぎりぎりに佇むタクツァン寺院。

賢人・聖人・神

エレファンタ石窟群

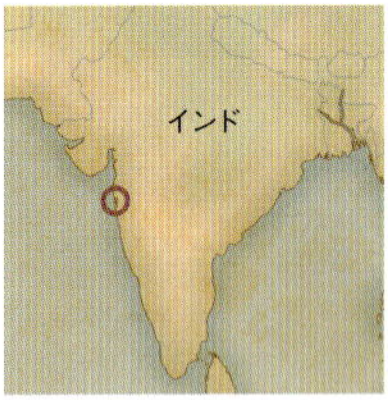

場所	インド、エレファンタ島
精神的伝統	ヒンドゥー教
関係する神	シヴァ
建造時代	7世紀
観光時期	通年。ムンバイ港から船で短時間

エレファンタ石窟群——“チャラプリ石窟”ともいわれる——はムンバイ海岸沖10km程のアラビア海に浮かぶ静かな島にある。神秘的な寺院と洞穴群の一部をなすユニークな石窟でヒンドゥー教のシヴァ神を崇拝する者にとっての聖地だ。石窟寺院は岩を彫り抜いて作られており類を見ない素晴らしさである。

エレファンタ島に寺院が作られることになった経緯について明確には分からないが、早いものでムンバイが豊かに栄えていた7世紀に建てられたと考えられている。さらに9〜13世紀まで統治したシルハラ王朝が多くの寺院を建造している。

寺院は全体で面積およそ5600㎡、脇に2つの小室を従えた壮麗な主堂と小さめの（極めて貴重な宝物が安置されている）寺院群からなる。主堂は太い柱で支えられ、巨大なマヘサムルティ像——トリムールティ・サダシヴァともいわれる——が鎮座している。これは右面に創造神（ブラフマー）、正面に維持神（ヴィシュヌ）、左面に破壊神（シヴァ）というシヴァの3面を表す三神一体像だ。創造神は若々しい容貌で官能的な唇を持ち創造と歓喜の感をかきたてる。維持神は穏やかな表情で黙想と憐れみの感を喚起する。破壊神は世界を燃えつくさんとする怒れる若い男の姿で描写されている。マヘサムルティの脇にはシヴァと配偶者のパールヴァティが一体となったアルダナーリーシュヴァラ神の像がある。これは左半身が女性で右半身が男性となっており、相反するもの全てを自らの内に融合させるシヴァ神を表す。主堂には他にも蓮の上に座るヨーギスヴァーラ（全てのヨーガの主）としてシヴァを表現した像や、たくさんの腕を持つ舞踊神ナタラージャとしてブラフマーの創世のために踊る像もある。エレファンタ島では毎年2月にシヴァ神を讃える大規模な舞踏祭が開かれる。

エレファンタ石窟群のシヴァリンガム寺院にある門番像。

ポタラ宮殿

場所	中国、チベット
精神的伝統	チベット仏教
関係する神	観音菩薩
建造時代	637年
観光時期	通年。ただし春と秋がベスト。 チケットを中国政府から 最低1日前に購入

ポタラ宮殿はチベットのラサ谷にあるマルポリ丘に建つ文字通り壮大で神聖なモニュメントだ。ダライ・ラマ継承者の公式な住居であり、チベットによる中華人民共和国への蜂起が失敗し、1959年中国が侵攻して現ダライ・ラマがインドへ脱出するまではチベット政府の本拠地だった。1970年代に中国の文化大革命に伴ってくり返し行われたチベットの聖地破壊を奇跡的に逃れ、今なお多くの人が訪れている。

伝説によるとマルポリ丘の洞窟にはチベット仏教における最高の守護者である観音菩薩が住まうという。観音菩薩は頭を11個、手を1000本持ち、その手のひらには全て目がある。そのおかげであらゆることを見逃さず、慈悲を持って人間の悲しみを見つけ出して救いを与える。チベット仏教では現ダライ・ラマが観音菩薩の化身だと信じられている。

ポタラ宮殿は637年にソンツェン・ガンポ王が瞑想と観想のためにマルポリ丘に建造したのが始まりとされる。そのまま1000年以上も用いられ、さらにダライ・ラマ5世の指揮によって宮殿が造営された。ポタンカルポ（白宮）は1648年に、ポタンマルポ（紅宮）は1694年に完成したが、紅宮の建造には7000人以上の労働者と1500人の職人が動員されたという。1922年にはダライ・ラマ13世が紅宮の上に2階分増築して大規模な改造を行い、現在観光客を迎える堂々たるファサードが作られた。

紅宮はほぼ宗教的な儀式と研究にのみ用いられ、チベット芸術と経典、歴代ダライ・ラマ8人の墓が収納されている。また崇拝を受けていたダライ・ラマ5世の遺骸はミイラにされて宮殿の奥深く、膨大な量の金箔を貼り宝石を埋めこんだ大きな霊塔に安置されている。彼の生涯を描いた場面も贅沢な部屋の壁に美しく描かれている。宮殿の西端には、チベットを独立させた後1933年に亡くなったダライ・ラマ13世を祭る聖塔が建造されて1935年に完成した。その黄金の塔が安置されている大きな部屋には20万個の真珠からなる見事な曼荼羅が置かれ、祈りを捧げる壮麗な祭壇となっている。

白宮は主にダライ・ラマの住居および重要な執務を行う場として建造された。紅宮とは黄色に塗られた中庭で隔

ポタラ宮殿はチベットの宗教的指導者と広く認められているダライ・ラマの公舎。

てられている。4階には38本の巨大な柱で支えられた東大殿がある。ダライ・ラマの生まれ変わりとして厳密に選ばれた少年はここで継承の儀式を行い、18歳で正式に即位する。白宮には7世紀に作られた2つの礼堂があり、この1つパクパラカンにはチベットでも非常に尊ばれている観音菩薩像が置かれている。この像を見ようと毎日何千という巡礼者が訪れ、“オーム・マニ・パドメ・フーム”と唱えながら礼堂から礼堂へと巨大なポタラ宮殿を時計回りに巡っている。このマントラは解釈が非常に難しいが、観音菩薩が世界に向ける深い慈愛を表すものだ。現在ポタラ宮殿は公式には博物館として扱われているが、押し寄せる巡礼者を見れば至聖の地であることは間違いない。

1966年に始まった中国の文化革命中も深刻なダメージを免れた。これは紅衛兵が各地で行った無分別な破壊活動を抑えようとした周恩来の個人的な介入による所が大きい。周恩来の行動はチベットのみならず多くの中国人から賞賛された。

ポタラ宮殿図。紅宮と白宮両方が見える。

ハジ・アリ廟

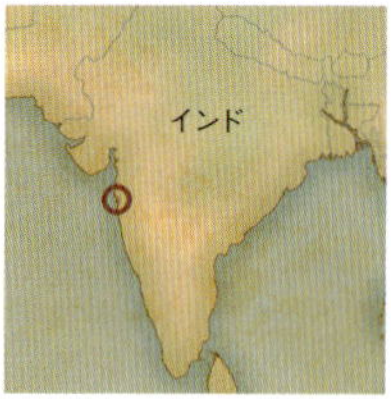

場所	インド、ムンバイ
精神的伝統	イスラム教
関係する聖人	サイード・ピール・ハジ・アリ・シャー・ブハーリー
建造時代	1431年
観光時期	通年。ただしほとんどの巡礼者は木曜と金曜に訪れる。モスクには干潮時に徒歩で渡るしかない

ハジ・アリ廟はムンバイ南部ウォーリ湾に浮かぶ小さな島にあるイスラム教の神聖なモスクだ。インドの美しい歴史的建造物でもあり、ペルシア出身で尊敬を集めていた聖者サイード・ピール・ハジ・アリ・シャー・ブハーリーの遺骸が安置されている。

伝説によると15世紀初期、裕福な商人サイード・ピール・ハジ・アリ・シャー・ブハーリーが財産を全て手放してメッカへと巡礼の旅に出た。メッカから戻ってムンバイに居を構えるとすぐに聖人と見なされて多くの信者が集まったという。現在、偉大なるハジ・アリにまつわる話がいくつも残っている。ある話によると彼はメッカへの巡礼中に亡くなり、その柩が流れてムンバイに戻ったという。こんな話もある。ある日ハジ・アリが道路でシクシク泣いている哀れな女に出会った。女は持っていた油を落としてしまい、このままでは夫に殴られると訴えた。同情したハ

ジ・アリが地面に指を突きたてると油が噴きだし、女はそれを集めて持ち帰った。後にハジ・アリはこの行為によって地球を傷つけたという夢をくり返し見るようになる。自責の念に苦しんだ彼は死期が近いことを悟った。彼は弟子にアラビア海に埋葬するよう頼み、弟子たちはウォーリ湾の島を選んだという。

ハジ・アリ廟は干潮時に徒歩で行くしかない。木曜と金曜には様々な信仰を持つ何千という人々が狭い土手道を歩いて巨大な廟へと渡る。30m近い石製ミナレットで飾られた廟は見るからに豪華だ。巡礼者は大理石を使った中庭を通り、アッラーの99の名を色ガラスで記した柱で支えられた主礼拝堂に入る。中の廟には赤と緑のシートで覆われ、装飾的な銀の枠と美しい大理石の柱で囲まれたハジ・アリの墓がある。

ハジ・アリ廟はイスラム教の神聖なモスク。干潮時に歩いて渡って詣でるしかない。

イダ山

場所	ギリシャ、クレタ島
精神的伝統	古代ギリシャ多神教
関係する神	レア、ゼウス
建造時代	紀元前2000年
観光時期	通年。ただし真夏は非常に暑く、特に頂上までの登山は厳しい

イダ山はギリシャのクレタ島で最も高い山で、標高が2500m以上ある。古代、女神レアが祭られ、斜面の洞窟でゼウスが生まれたとされる。現在はシンプルな石造りの教会が頂上にあり、乾燥し岩場の多い斜面を見下ろしている。高度が上がると草木はすっかり姿を消してしまう。

古代ギリシャの伝説によると大地の女神レアが聖山であるイダ山の洞窟でゼウスを生んだという。ゼウス誕生後、自分の地位が脅かされると不安にかられたクロノスはゼウスを奪って呑みこもうとする。レアは一計を講じゼウスの代わりに石を毛布に包んでクロノスに渡した。クロノスはまんまとだまされ、無事に成長したゼウスは父親を倒してオリンポスの神々の支配者となった。

ゼウスが生まれたという大きな洞窟はイデ洞窟と呼ばれ海抜1300m程の所

にある。20世紀に発掘が始まり、中で多くの供物が見つかった。はるか昔には深い森が入り口付近を囲んでいたと思われる。ギリシャ神話では森に住む妖精アマルティアがゼウスを育てたことになっている。洞窟の入り口では半神半人クレテスが歌い踊って赤ん坊の泣き声を隠し、クロノスから守った。

5世紀にはクレタ島でもキリスト教が広がり始め洞窟は利用されなくなるが、イダ山は変わることなく神聖視され、聖十字架教会が頂上に建てられた。近年では翌日の“聖十字架称賛の日”に教会で行われる特別な行事の準備をするため、クレタ島のキリスト教徒が9月13日に頂上まで苦労して登る。イダ山の頂上まではいくつかのルートがある。一番楽で利用する人が多いのはニダ高原から登る道だ。高原まで車で行って駐車し、そこから長いトレッキングにでかけることができる。ただし飲料水と帽子、日焼け止めは必須だ。頂上そのものは真夏以外雪をかぶっている。

ゼウスが生まれた洞窟を囲むイダ山の斜面。現在は土がむき出しだが、かつては深い森で覆われ半神半人が住むといわれていた。

ワールケーシュワル寺院とバンガンガ貯水池

場所	インド、ムンバイ
精神的伝統	ヒンドゥー教
関係する神	シヴァ
建造時代	1127年
観光時期	通年。ただし満月と新月の巡礼が特に人気

ワールケーシュワル寺院とその傍らの静穏なバンガンガ貯水池は、インドはムンバイで一番小高いマラバル丘の近くにある。偉大なる神シヴァを祭る寺院と神聖な貯水池では多くの重要なヒンドゥー教の儀式や祝典が行われる。

ヒンドゥー教の神話によるとラーマ神が妻のシーターをさらった魔王ラーヴァナを追った。ラーマは現在ワールケーシュワル寺院がある場所で足を止め、シヴァを崇拝するために砂でリンガを作った。そして喉が渇いたラーマはガンジス川に矢を射こんで土の中から引き戻し、バンガンガ貯水池を満たす湧き水を作った。

ワールケーシュワル寺院と傍らの貯水池は1127年にラクシュマン・プラブが作ったが、この寺院――偉大なシヴァのリンガを象っていた――は16世紀にポルトガルの植民地となった際に破壊された。1715年にムンバイ出身で羽振りのよいビジネスマン、ラーマ・カマスが寺院を建て直す資金を提供した。以来、寺院群は増築と改築をくり返している。現在は砂色の石塔が数多く並ぶ寺院とシンプルな廟が貯水池を囲み、シヴァ神参拝の重要な巡礼地となっている。

貯水池は長方形で下りやすいように四方が階段状になっている。水はヒンドゥー教で至聖とされるガンジス川から流れてくるといわれる。巡礼者はその水に神秘的な力があり、さらにはカルマがからむ転生をスピードアップして熱心な帰依者が早く神のもとへ送られるようにする効果があると信じている。毎年1月にはバンガンガ音楽祭が催されて数多くの巡礼者が訪れる。

ムンバイのワールケーシュワル寺院とバンガンガ貯水池。ヒンドゥー教の偉大なるシヴァ神が祭られている。

楽山の摩崖大仏

場所	中国、四川省
精神的伝統	仏教
関係する神	弥勒菩薩
建造時代	713～803年
観光時期	通年

楽山の摩崖大仏は仏陀を象った巨大な像で、中国四川省は楽山市の近くにあり、岷江を見下ろすようにそびえている。仏教の聖山である峨眉山に面を向ける大仏像のもとには季節を問わず多くの巡礼者が訪れる。断崖の大岩を掘って作られたもので仏陀の石像としては世界で1番大きい。

伝えられるところによると岷江が大渡河と青衣江に合流する地点には邪霊が潜んでおり、むやみに水流を変えて近隣の人々の生命を脅かしていた。この邪霊を鎮めるために海通という敬虔な僧が713年に仏陀像を彫り始めた。作業を続ける資金が底をついたとき海通は自分の目をくり抜いたという。なかなか完成しないまま長い年月が経ったが四川省の節度使が資金を提供し803年にようやく完成した。その後すぐに川に関係する死者が劇的に減ったという。摩崖大仏の鎮魂効果だという説もあれば、川に大量の砂岩が捨てられて水の流れが格段に穏やかになったからだという説もある。

摩崖大仏は現在最後の応身仏としてなじみのある釈迦牟尼弥ではなく、未来の仏陀の勒菩薩を象った像だ。特筆すべきは摩崖大仏が作られた唐時代、中国の多くの仏教徒が弥勒菩薩の登場を切実に願っていたことだろう。完成した像は高さ70mを越え、肩幅は30m近くある。

来るべき顕現を待つ弥勒菩薩を象った摩崖大仏。

ゲーテアヌム

場所	スイス、ドルナッハ
精神的伝統	人智学
関係する哲人	ルドルフ・シュタイナー
建造時代	1923～28年
観光時期	通年

ゲーテアヌムは人智学創始者である霊的指導者のルドルフ・シュタイナーが設計したものだ。バーゼル近くのドルナッハという町にあり、美しく印象的な建物には世界中から参拝者や求道者が集まってくる。

ルドルフ・シュタイナーは19世紀後期から20世紀初期にかけて活躍し、極めて大きな影響をもたらした神秘思想家である。ドイツの偉大な詩人にして劇作家ヨハン・ヴォルフガング・フォン・ゲーテに一部影響を受け、芸術家・教師・政治家・農民・医師や一般人と協力して生涯の大半を新たな霊的哲学の普及に捧げた。彼は科学的研究に基づいたこの哲学を人智学と名づけている。1913年から1919年にかけてシュタイナーは最初のゲーテアヌム建造を取り仕切り、人智学の原理に基づいて設計した。彼はゲーテアヌムを主に講義やゲーテ作の劇の上演、シュタイナーの弟子のミーティングスペースなどに用いたが、1922年の大晦日に狂信的な右翼主義者によって放火されて焼け落ちてしまう。シュタイナーはすぐさま第2のゲーテアヌム建築に着手した。こちらはシュタイナーの死から3年後に完成、現在も利用されている。

ゲーテアヌム建造は全てキャストコンクリートによって作るという先駆的な試みでもあり、建築上の傑作だとの世評が高い。シュタイナーは角や直線を排して豊かな霊性を表す建物を造りたいと考えた。そこで最適だったのがコンクリートで、このユニークな建物の特徴である柔らかなラインのドームと緩やかにカーブする壁を実現することができた。ゲーテアヌムにはダンス・演奏・劇上演のための広い公演ホールが2つ、図書室、多数の講義室、教室、研究センターがある。ギャラリーにはシュタイナーが手がけた巨大な木像、“人類の代表者”も置かれている。これは人間の中で働くスピリチュアルな力を表したもので、最初のゲーテアヌムが焼け落ちた火事の際も奇跡的に無傷だった。

ゲーテアヌムは人智学の原理に基づいてルドルフ・シュタイナーが設計した。

ファティマ大聖堂

場所	ポルトガル、ファティマ
精神的伝統	キリスト教
関係する神	聖母マリア
建造時代	1917年
観光時期	通年。ただし場にふさわしい適切な服装で

ファティマ大聖堂は聖母マリア崇拝者にとって世界一神聖な巡礼地である。ポルトガル中央部から西方寄りのファティマという小さな町にあり、1917年に3人の子供が聖母マリアを幻視したことをきっかけに建てられた。聖母マリアの出現はポルトガルの人々の耳目を引き心をとらえた。現在、毎年400万人ものキリスト教巡礼者がファティマに押し寄せる。

カトリック信仰に伝えられる話によれば、1917年5月13日、ヤシンタとフランシスコ・マルト、従姉妹のルシア・サントスがファティマ近くの野原で動物の世話をしていると光り輝く聖母マリアの出現を受けた。聖母マリアは、世界平和をもたらすためロザリオの祈りを毎日唱えるようにと子供達に告げた。1ヵ月後の6月13日聖母マリアは再び子供達の前に姿を現し、ヤシンタとフランシスコの死が近いことを告げた。後に2人とも2〜3年のうちにスペイン風邪によって悲劇の死を遂げることになる。そして2回目の出現から1ヵ月後の1917年7月13日、聖母マリアは世界の運命について背筋が凍るような3つの預言を子供達に明かす。1つ目は地獄について、2つ目は第二次世界大戦の勃発と共産主義の終わりとおぼしきことについてだった。そして3つめは教皇の暗殺についてで、これは人々の反応を恐れた教皇庁が80年間も公開しなかった。

3ヵ月後の10月13日、聖母マリアの再出現を期待して7万人を越える人々が野原に集まった。この時群衆は超現実的な奇跡を目撃したといわれる。出現

ファティマ大聖堂は聖母マリアが幻視された地点を記念して建てられた。

時は土砂降りだったが、突然黒い雲が分かれて太陽が顔を出し、不思議にも何度も色を変えたあげく黒くなって空から落ちてきた。そこに居合わせた人々全てがこの奇跡を実際に目にしたが——話を信じず嘲笑を浴びせようとやってきた者も見たという——聖母マリアの姿を目撃したのは3人の子供だけだった。

1919年、コヴァ・ダ・イリアと呼ばれる聖母マリア出現の地に聖堂を建てる作業が始まった。1928年にはもっと大きな教会すなわちファティマのバシリカが建造される。この美しい教会は65mもの高さの優美な尖塔を持ち、左右に延びる石造りの柱廊は巡礼者を迎え入れる腕のようだ。1932年、教会前の大きな広場に教えを説くイエスの金色の像（“イエスの聖心に捧げるモニュメント”と呼ばれる）が立てられた。像の下には多くの人々を癒す奇跡を起こしたといわれる泉が湧きだしているという。教会の中には聖母マリアのお告げ通り幼くして亡くなったフランシスコとヤシンタの墓がある。さらに主祭壇の上に出現を受ける子供達を描いた絵が掲げられている。

ファティマへの巡礼は5月13日の最初の顕現と10月13日の最後の顕現に合わせて行われることが多い。巡礼者は教会の中で祈った後、聖母マリアが現れたまさにその場所に大理石の柱を配した“出現の礼拝堂”を訪れるのが普通だ。以前は子供達がその下で聖母の出現を待っていた木もあったのだが、コレクターに盗まれてしまったようで代わりの木が近くに植えられている。1967年には教皇パウロ6世がファティマを訪れ、3人の子供のうちたった1人生き残って尼僧になっていたルシア・サントスともに聖堂で祈りを捧げた。教皇直々のこの訪問を記念するモニュメントも作られている。1989年には聖母マリアが予言した通り共産主義が終焉したことに対する感謝の印としてベルリンの壁の大きな砕片が教会に奉納され、誇らしげに飾られている。

聖母マリアの聖像。1917年、ファティマで近くに住む3人の子供の前に出現した。

サンチーの大塔

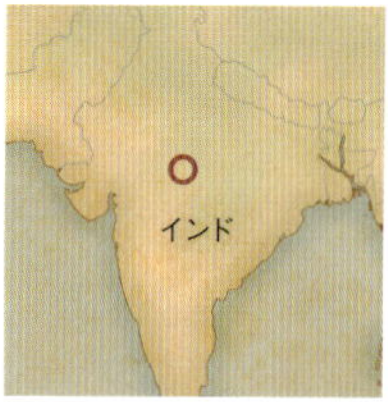

場所	マディヤ・プラデーシュ州、インド
精神的伝統	仏教
関係する神	ゴータマ・ブッダ
建造時代	紀元前3世紀〜紀元12世紀
観光時期	通年。ただし11月〜2月がベスト。近くのボパールからのアクセスが便利

大塔は50以上もある古い石造の仏教遺構の1つで、インドはマディヤ・プラデーシュ州、サンチーという小さな村の丘の上にある。大塔は偉大なアショカ王によって紀元前3世紀に建造され、現在最後の応身仏であるゴータマ（紀元前566～486）の遺骨が収められているといわれる。仏舎利の存在ゆえに特別な聖地であり、インドはもちろん各国から巡礼者が訪れる。

大塔は正確にいうと寺院ではなく仏陀とその入滅を象徴する神聖なモニュメントだ。アショカ王はサンチーに多くの仏塔（ストゥーパ）を建てたが、大塔はその中で最大かつ一番見事なものだ。完璧なまでの半球形をしており、周囲は信者が行として歩くための広い道が囲む。紀元前1世紀に大塔はひどく壊されるが、これをきっかけに長期間かけて大規模な増築がくり返されることになる。新たに作られた石畳の歩廊には地表から昇る階段がつけられた。また仏陀の教えを表す象徴的なモチーフを精緻に彫りこんだ装飾的な大門も4つ加えられた。当時は仏陀自身の像を作ってはいけないことになっていたため、仏陀が父王の宮殿を出て初めてこの世の苦しみを見た時に乗っていた馬、悟りを求めて長い求道の旅に出た時に遺した足跡、とうとう解脱した際にその木陰に座っていた菩提樹などが描写されている。

続く数百年の間に仏教はインドで様々な変遷を重ね、450年頃に各門に顔を向ける仏陀の美しい石像が加えられた。

大塔には最後の応身仏ゴータマの仏舎利が安置されているという。

ルクネ・アーラム廟

場所	パキスタン、パンジャーブ州
精神的伝統	スーフィー教
関係する神	シャー・ルクネ・アーラム
建造時代	1324～24年
観光時期	通年。ただし夏は最高気温49℃、冬は最低気温1℃になる

威風堂々たるルクネ・アーラム廟はパキスタンはパンジャーブ州ムルタンにある。建造されたのは14世紀初期で、広く愛されているシャー・ルクヌッディーン・アブル・ファタの遺骸が収められている。彼の名は一般的にルクネ・アーラムとして広く知られるが、これは"世界の柱"という意味だ。この廟はムガール朝以前に作られた建造物の傑作だとされる。

伝えられる話によると元々ギヤースッディーン・トゥグルクが自分の墓として作ったが、彼の息子がルクネ・アーラムの死後(1335年)すぐにルクネ・アーラムの一族に与えてしまったという。ルクネ・アーラムは昔からスーフィー教の聖人を輩出する家系の出身で、祖父シャー・バハーウッディーン・ザカリヤ(やはり偉大なスーフィー教の聖人だった)を直接継承する立場であったため、

最初は祖父の大きな霊廟に埋葬されていた。しかしこの堂々たる廟の寄進によりルクネ・アーラムの遺骸だけが移されることになった。

ルクネ・アーラム廟は8角形で上に大きな半球形ドームがかぶせられ、高さは30mある。全体的な建材は赤煉瓦、青と白の釉薬をかけたタイルで装飾された外壁は赤煉瓦とのコントラストで目が覚めるような視覚効果を醸し出している。高いドームのすぐ下は狭い通路が廟を一周しており、ここからムアッジン（礼拝の時刻を大声で知らせる係）が祈りを捧げるよう呼びかける。内部もムルターンはカシュガルの人々の高い技術がうかがえる美しく配置された釉薬タイルと複雑な煉瓦細工で装飾されている。またミフラーブ（壁龕）には見事なカリグラフィーでコーランの一節が記されており、礼拝者はその前でひざまずいて祈る。

ルクネ・アーラムの墓の上の大ドームは世界で2番目の大きさだとされる。1970年代にはパンジャーブ州政府が昔の美しい姿を取り戻すべく改修計画を実施した。

毎年インドやパキスタン、アフガニスタンの内外から10万人ものスーフィー教信者がはるばるやってきて廟に詣で、ルクネ・アーラムを礼拝する。ルクネ・アーラムは現在もスーフィー教信者の胸の中で特別な位置を占めているのだ。

崇敬を集める聖地、ルクネ・アーラム廟。建造物としても傑作だ。

バハーウッラー廟

場所	イスラエル、アクレ近く
精神的伝統	バハーイー教
関係する預言者	バハーウッラー
建造時代	1892年
観光時期	通年。廟の公開は日曜〜金曜

バハーウッラー廟はイスラエル北部アクレ近くにある。シンプルだが非常に美しい建物だ。バハーイー教徒にとっての信仰上の父、バハーウッラーの遺骸が収められているためバハーイー教信者にとっては至誠の地だ。

バハーウッラーは世界の宗教を統一しようと時には苦難の道を歩きつつ生涯を捧げ、1892年にバージの邸宅で死を迎えた。日没後彼の遺骸は邸宅の敷地内の小さな四角い建物へと運ばれ、正式に葬られた。ここは現在バハーウッラー廟と呼ばれている。

廟そのものはバハーイー教信者が“内なるサンクチュアリ”と呼ぶ、木々が植えられた中央の広い部屋と、そこに連なる小部屋からなる。バハーウッラーの遺骸はバハーイー教で至聖所と呼ばれる右手奥の小さな部屋に安置されている。バハーイー教信者はこの廟をゲブレと呼ぶ――バハーイー教信者が日々の祈りを捧げる時に向かうべき方角という意味だ。バハーウッラーの死後、その信者はもちろん他の宗教の信者も毎年大挙して廟に押し寄せている。廟に入ったら深遠な霊的体験をしたという話も多いほか、あまりに神聖な雰囲気に中に入る資格がないと感じて足を踏み入れられなかったという者もいる。

廟周辺の庭園はイスラエルでも指折りの景観だ。世界中のボランティアが信仰的奉仕ととらえて庭園の手入れをするためだ。おかげで瞑想と祈りを行うにふさわしい美しく静寂に満ちたオアシスとなっている。

バハーウッラーは遺言で息子のアブドゥル・バハーをバハーイー教の新たなリーダーに指名した。アブドゥルが1922年に亡くなるとバハーウッラーのもう1人の息子ミルザ・ムハンマド・アリが新たなリーダーの地位を受け継ぐ権利を主張し、無理矢理廟を占拠した。アクレの統治者は彼に退去を命じ、廟は世界的にバハーイー教の真の守護者と認められていたショーギ・エフェンデイに託された。

美しいバハーウッラー廟。敬愛を受けるバハーイー教創始者の遺骸が収められている。

聖マルコ大聖堂

場所	エジプト、アレクサンドリア
精神的伝統	コプト教
関係する聖人	福音書記者聖マルコ
建造時代	60年
観光時期	通年

聖マルコ大聖堂はエジプトで2番目に大きい都市アレクサンドリアにある大変美しい近代的な教会だ。キリスト教の神話と歴史をまとうこの聖堂は新約聖書における2番目の福音書の筆記者、聖マルコの遺骸の上に建てられたといわれ、故にキリスト教徒にとって重要な巡礼地となった。

キリスト教では60年頃に聖マルコがアレクサンドリアに移り住み、そこで教会を建てて7年間伝道し、多くの奇跡を行い幾多の人々をキリスト教に改宗させたと伝えられている。こんな話もある――聖マルコと父親がヨルダンへ赴く途中で2匹のライオンが近寄ってきた。父親は当然ながら息子を逃がそうとしたが、聖マルコは地に足を据えてキリストに祈った。するとたちまち2匹のライオンは絶命し、父親はキリスト教に改宗した。しかし68年、マルコはローマの権力者に死ぬまで通りを引きずり回されて殉教した。信者はその亡骸を引き取って彼の建てた教会の下に埋葬し、そのまま安置されていた。しかし828年、ヴェニスに建造されたばかりのサンマルコ大聖堂に遺骸を収めたいと臨んだヴェネチア人によって盗まれてしまう。コプト教会によるとヴェネチア人は聖マルコの頭部を運び忘れ、頭部のみがアレクサンドリアの新たな総主教が役職につく度に開示されていたという。ところがいつの間にか頭部も失われてしまい250年後にようやく発見された。1968年、コプト教会教皇シリル6世の治世に和解の試みの印としてローマからコプト教会に遺骸の一部が返還された。

このようにキリスト教徒にとって聖マルコ大聖堂は極めて重要な場所であるため、コプト教会の歴史の中でも重大なできごとが何度もここで起きている。キリスト教十字軍の遠征などエジプトがくり返し侵略を受けたため教会も何度も破壊された。しかしその度に代々のコプト教会教皇が建て直している。一番新しい教会は1952年に教皇ユサブ2世が建造し、後の1990年に教皇シェヌーダ3世が増築したものだ。現在の大聖堂はいくつものドームを頂くとともに優美な2つの塔を持ち、中は静かな雰囲気で素晴らしいビザンチン芸術に彩られていて、世界中からキリスト教巡礼者が訪れている。

アレクサンドリアの聖マルコ大聖堂。福音記者マルコの遺骸の上に建てられたといわれる。

聖フランチェスコ大聖堂

場所	イタリア、アッシジ
精神的伝統	キリスト教
関係する聖人	アッシジの聖フランチェスコ、聖キアラ
建造時代	13世紀
観光時期	通年

フランシスコ会の創設者でありイタリアの守護聖人でもあるアッシジの聖フランチェスコは、1182年にイタリア中部ウンブリア地方、ペルージャ近くの絵のように美しいアッシジで生まれた。聖フランチェスコ大聖堂には敬愛された聖フランチェスコの遺骸が収められているほか、その生涯を描いた美しいフレスコ画が飾られている。13世紀以来、数え切れないほど多くのキリスト教巡礼者がこの町の主教会である大聖堂を訪れている。

聖フランチェスコは穏和な人柄と生涯を神に捧げた生き方でよく知られる。こよなく自然を愛し、神の創造物全てと触れあったため小鳥にまで説教をしたといわれる。彼と彼に従った多くの修道士は清貧・貞潔・神への従順の誓いを立て、ダークブラウンの衣服をまとい地域の人々からの寄進で生計を立てた。これは今も変わらない。

1228年に教皇グレゴリウス4世が聖フランチェスコを列聖し、これに伴いすぐに聖フランチェスコ大聖堂の建築が始まった。大聖堂は上下に分かれ、どちらにも彼の生涯を描いた見事なフレスコ画が飾られている。大聖堂の建築と同時に聖フランチェスコ修道院の建造も始まった。

アッシジは、町で聖フランチェスコの説教を聞いて帰依し、最も熱心な信者の1人となった聖キアラの生地でもある。彼女はすぐさまキリストに身を捧げ、清貧の女性修道会を創設した。現在これは聖クララ会として知られている。

美しい聖フランチェスコ大聖堂にはアッシジの聖フランチェスコの遺骸が収められている。

グアダルーペの聖母

場所	スペイン、グアダルーペ
精神的伝統	キリスト教
関係する神	聖母マリア
建造時代	1325年
観光時期	通年

由緒あるグアダルーペ修道院はスペイン西部エストレマドゥーラ州にある。赤い瓦屋根を乗せた白壁の美しい邸宅街を見下ろすように、その古い石造りの建物は丘陵地に囲まれた静かな村落に佇んでいる。修道院の中には全てのキリスト教徒にとって至聖の遺物、地元の人々が“沈黙の聖母”と呼ぶ聖母マリアの小さな黒い像を収めたカマリン礼拝堂が設けられている。

カトリック信仰では、聖母マリアの木像は福音書記者の聖ルカが1世紀に彫ったといわれている。黒い聖母像（ブラックマドンナ）は初期キリスト教教会に篤く信仰され、最初はコンスタンティノープル、次はローマに移された。6世紀後半教皇グレゴリウス1世がセビーリャ大司教レアンドロに像を贈ったが、セビーリャが8世紀初期にムーア人に征服された。そのため像はカトリック聖職者に託されてエストレマドゥーラの丘に隠されることとなる。そして600年後の1325年、ジルという羊飼いが聖母マリアの出現を受け、司祭を呼んで地面を掘るようにと告げられた。司祭は埋められていた像を発見してその地に礼拝堂を建てた。

不思議な力を持つ像との評判が広がり、1326年にはマリア像を見ようとする巡礼が始まる。15世紀中頃フランシスコ会バシリカ聖堂がグアダルーペに完成したが、その時はもうスペインで最大の巡礼地となっていた。黒い聖母は強い力を持つといわれ、コロンブスは複製品を携えて新世界への航海に出発し、スペインのコンキスタドールも倣ったという。メキシコでは聖母マリアが幻視された1531年、メキシコシティ郊外にグアダルーペの聖母を祭る2つ目の聖堂が建てられた。最近ではこの2番目の教会が世界で最も巡礼者の多いカトリック教会となっている。

グアダルーペのバシリカには、聖母マリアの顕現の後に発見された黒い聖母の聖像が収められている。

チョガ・ザンビール

場所	イラン、フーゼスターン州
精神的伝統	古代エラム人
関係する神	インシュシナク神
建造時代	紀元前1250年
観光時期	通年

チョガ・ザンビールは現在のイラン南西部にあり、かつてはエラム王国の至聖の都市だった。ウンターシュ・ナピリシャ王が紀元前1250年に建設したもので、エラム人がこよなく崇敬していたインシュシナク神を祭るジッグラト（階段状のピラミッド神殿）を中心に構成されている。歴史学では、エラム王国の様々な神々を1つの屋根の下にまとめる新たな宗教的センターとしてチョガ・ザンビールが作られたと考えられている。

規模も広さもかなりある都市だが、祭司とその従者以外が居住し続けることはなかったようだ。むしろ日常の喧噪を離れて祭祀や儀式を行える1つの巨大な神殿として機能していたと思われる。注目すべきはすぐ近くに水源がないことで、実際問題として都市を作るには条件が悪く、宗教活動を維持するためには何キロも先から長い水路を引かねばならなかった。

紀元前640年に都市の大半が破壊されてからは次第に砂漠の砂の中へと埋もれていった。1952年と1962年の2回に渡って発掘が行われ、3層の壁と大きなジッグラトが発見された。一般的にこれらは世界でも最も保存状態がよい遺構だと考えられている。3層の壁は考古学的見地から都市を区画するためのものだと断定された。一番内側の壁は初期の神殿の上に建造された大きなジッグラトを囲んでいる。2番目の壁の中には主神に次ぐ神を祭る11の神殿が、最も外側の壁の内側にはいくつかの宮殿と王族を埋葬する地下室がある。しかしとうとう都市は完成の日を迎えないまま紀元前640年に侵略されて破壊されてしまった。

チョガ・ザンビールは大きなジッグラトの周囲に立てられている――これはその遺構。

マクペラの洞穴

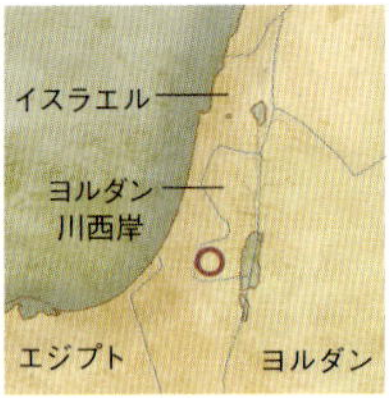

場所	ヨルダン川西岸、ヘブロン
精神的伝統	ユダヤ教、キリスト教、イスラム教
関係する聖人	アブラハム、サラ、イサク、リベカ、ヤコブ、レア
建造時代	紀元前1000年
観光時期	現在直接洞穴に入るのは禁止されている

マクペラの洞穴はヨルダン川西岸のヘブロンにある聖なる神殿で、紀元前1000年頃から神聖視されてきた洞穴内に、ヘロデ王の命で紀元前1世紀に建造されたものだ。ユダヤ教では神殿の山(エルサレム)に次ぐ至聖の地だと見なされ、数千年の昔から続く神聖な場所である。またキリスト教徒とイスラム教徒にとっての聖地でもある。

ユダヤ教の正典にこの洞穴内にアブラハムと妻のサラ、息子のイサクと妻リベカ、イサクの息子ヤコブと妻レアが葬られたと記されていることから、ヘロデ王がマクペラ洞穴上に石造の神殿を建造したのはユダヤ人臣民の歓心を買うためと考えられている。ユダヤ教とキリスト教、イスラム教の聖典には、アブラハムが4000年近く前に神と契約を結んでユダヤ教が生まれたとあ

り、この地が信仰上重要視されるのもうなずける。ヘロデ王の神殿は保存状態が非常によく、現在外側の施設の大半は入場可能だが、イスラム教とユダヤ教の礼拝所は分けられている。

キリスト教徒がこの神殿に巡礼を始めたのは4世紀のことで、記録から神殿の隣に教会を建てたことがわかっている。10世紀初期にはファーティマ帝国がパレスティナを征服して神殿はモスクに変えられた。続く70年間に多くのドームが加えられ内部の壁はイスラム芸術で飾られた。しかし1100年にキリスト教の十字軍が占領して“聖アブラハムの城”と名を変えた。そして1187年、今度はシリアのサラディンが奪回してモスクとした。

マクペラの洞穴上に立てられた聖堂。ユダヤ教徒とキリスト教徒、イスラム教徒にとっての聖地だ。

巡礼の地

サンチアゴ・デ・コンポステラの大聖堂

場所	スペイン、サンチアゴ・デ・コンポステラ
精神的伝統	キリスト教
関係する聖人	使徒聖ヤコブ
建造時代	9世紀
巡礼路	全長900km、30日かけて徒歩
巡礼時期	聖ヤコブ祭の期間中に到着すると特に幸運だとされる

使徒聖ヤコブに捧げられた聖堂。巡礼の旅の終わりを告げる"栄光の門"。

サンチアゴ・デ・コンポステラの大聖堂は中世に建造された威風堂々たる教会で、スペイン北部の今なお昔の風情が残る美しい都市サンチアゴ・デ・コンポステラにある。使徒聖ヤコブの遺骸が埋葬されているといわれ、1000年の昔から世界的に有名な"サンチアゴの道"の最終目的地でもある。

キリスト教の伝説によると聖ヤコブはスペインで初期の布教活動を行った使徒で、42年頃にエルサレムに戻ったもののヘロデ・アグリッパ王に殺され殉教する。彼の弟子たちが聖ヤコブの亡骸を海に運んで石棺に納めたところ、神秘的な天の風によってスペインまで運ばれてフィニステレ岬近くに打ち上げられたという。この不思議な話の報告を受けた地元の女王は雄牛たちに石棺を引かせて内陸の聖地へ運び、大理石の墓に納めた。そして800年が経ち聖ヨハネの墓はすっかり忘れ去られてしまった。しかし近隣で修行していた隠者ペラヨが啓示――星の光といわれる――を受けてその地を掘り始める。こうして墓が見つかり地元の司教が呼ばれて遺骸は本物と確認された。司教は国王アルフォンソ2世に知らせ、国王は教皇とシャルルマーニュ大帝に連絡し、この2人も亡骸を本物と認める。

教皇はローマとエルサレムにあるキリスト教都市への巡礼とともにサンチアゴへ巡礼すれば全ての罪が贖われるだろうと宣言した。これとほぼ同時に巡礼者が大挙してサンチアゴ・デ・コンポステラに押し寄せるようになり、サンチアゴ・デ・コンポステラは普通の都市ではなく、敬虔なキリスト教徒ならば訪れねばならない聖都となった。奇跡も多数報告され、サンチアゴへの主要な道も開かれた。一番利用する人が多いのは"サンチアゴの道"と呼ばれるルートだ。これはフランス南部に始まりサンチアゴ・デ・コンポステラに終わる最低でも30日かかる徒歩で行く道である。

彼の地にはまずアルフォンソ2世が小さな礼拝堂を作り、829年にはその周辺に教会が建てられた。その後増え続ける巡礼者を収容するため899年になって大きな前ロマネスク様式の教会に

建てかえられたが、997年ムーア人がスペインを侵略してこの教会は完全に破壊されてしまう。ムーア人は捕虜を動員して巨大な門と鐘をコルドバへ運ばせアルハマモスクに流用した。1075年には現在のロマネスク様式教会の建築が始まる――主な建材は花崗岩で、石工がかかり切りで完成までに50年かかった。そして1128年、王など多くの貴人が列席する華々しい聖別式が執り行わ

スペイン北部にあるサンチアゴ・デ・コンポステラの荘厳な聖堂。聖ヤコブの遺骸が眠る。

れた。建築工事はその後も50年程続き、現在見られるような荘厳な聖堂ができあがった。18世紀半ば、西側の正面に見事なオブラドイロ門がつけ加えられた。門は花崗岩を彫刻したもので、側面に巨大な鐘楼が2つそびえ、聖ヤコブの美しい像がいくつも彫りこまれている。門はスペインで現代流通している3種類の硬貨の裏側の図案に利用されている。教会の内部はくまなく精緻な彫像で飾られている。聖ヤコブの遺骸は銀の柩に横たえられて祭壇の下に安置されており、これは地下室から見ることができる。真上に聖ヤコブの像が立てられており、ほとんどの巡礼者はその前で敬虔にひざまずくが、さらに聖像を抱き締める者も多い。

1884年教皇レオ13世がサンチアゴ・デ・コンポステラに安置されている遺骸を本物と認める公開勅書を出したため、20世紀になって“サンチアゴの道”をたどる人々が急増した。現在も少なくともヨーロッパ中から(もっと遠い地域から訪れる人もいる)毎年10万人の巡礼者が長い道のりを歩き、使徒聖ヤコブに参拝しに来る。

シャルトル大聖堂

場所	フランス、シャルトル
精神的伝統	キリスト教
関係する神	聖母マリア
建造時代	1194〜1260年
巡礼時期	通年

シャルトル大聖堂は美しい姿を当時のまま残す中世の教会で、パリの南方およそ50kmのシャルトルという都市にある。大聖堂そのものが傑出した建築的モニュメントなのはもちろん、キリスト教巡礼における至聖の聖遺物、サンクタカミシア——聖母マリアが身に付けたというチュニックが保管されている。

伝説によればサンクタカミシアは876年にシャルルマーニュ大帝によってシャルトル大聖堂に贈られたという。その後すぐに世界中から巡礼者が訪れてこの至聖の遺物に祈りを捧げるようになった。しかし1020年に火災で焼け落ち、下に広い地下室を備えたロマネスク様式のバシリカに建て替えられた。さらに1194年雷が落ちて大火となり、教会のファサードと塔、地下室以外全てが崩壊する。しばらくの間、誰もがサンクタカミシアは焼けてしまったに違いないと考えていた。しかし3日後無傷の状態で発見され、司教は聖母マリアを祭る壮麗な大聖堂を建てよという聖母自身からのしるしであると表明した。時をおかずして建設が始まり、献金や近隣の採石場からの石材運搬の手伝いなどの申し出が殺到した。1220年には以前の地下室やファサード、西塔を組みこんだ新しい建物が完成する。1260年、聖堂はついに聖別された——この儀式は極めて重く受けとめられ、ルイ4世と家族が見守ったほどである。

新たに建造された大聖堂は非常に大きかったため、天井の高い身廊と美しいステンドグラス窓で飾られたクリアストーリーを支えるのに初めて2つのフライングバットレスが使われた。交差廊には塔が加えられ、精緻な彫刻を施された3つの入り口上にはそれぞれバラ窓がはめこまれ、合計9つのバラ窓がある。

シャルトル大聖堂内部。有名なサンクタカミシアが保管されている。

聖墳墓教会

場所	エルサレム
精神的伝統	キリスト教
建造時代	325年
巡礼時期	通年。ただしイースターは特に神聖とされる。

聖墳墓教会はエルサレム旧市街にあり、キリスト教巡礼者にとって重要極まりない場所だ。33年、キリストが磔刑に処せられ埋葬されたまさにその地点に建造されたと多くのキリスト教徒が信じている。

うち続くユダヤ人の暴動に伴って135年にハドリアヌス帝がエルサレム再建に着手し、現在聖墳墓教会がある位置にアフロディテ神殿を建造した。しかし325年、コンスタンティヌス帝がこの神殿を壊すよう命じ、326年に彼の母親のヘレナが神殿の代わりとなるバシリカの建築を見守っていた。古い神殿の基礎を取り除くと、キリストの墓——聖墳墓——が発見されたという。ヘレナはキリストがかけられた十字架と2人の盗人がかけられた十字架も見つけたといわれる。当初の教会はキリストの墓の上に作ったロトンダ、バシリカ、広いアトリウムで構成され、磔刑の場所を示す印として大岩——ゴルゴタの石——が隅に置かれた。教会にはすぐに地中海沿岸や中東から巡礼者が押し寄せるようになり、今なお引きも切らず人々が訪れる。

638年、敬虔なイスラム教徒であるカリフ・オマールがエルサレムを占拠する。彼は聖墳墓教会はキリスト教の聖所のままであるべきと考え、教会では礼拝を行わないことにした。そして400年以上後、教皇ウルバヌス2世が最初の十字軍を派遣する。ウルバヌス2世は何としてでもエルサレムと聖墳墓教会を奪回しようとし、1099年にとうとうエルサレムはキリスト教徒の手に戻った。続く50年間、十字軍は荒廃していた教会を修復・再建し、鐘楼と新たな屋根を加えてゴルゴタと聖墳墓を1つの建物にまとめた。またヘレナに捧げる礼拝堂も建造された。以来、教会は荒廃と修復をくり返すが1555年にフランシスコ会修道士が大規模な改修を行い、墓の手前に“天使の礼拝堂”と呼ばれる小室を作った。この部屋にはキリストが十字架から降ろされた跡で墓を封じるのに使われた石のかけらが保管されているという。

聖墳墓教会はキリストが磔刑に処せられた場所を示している。

コパカバーナ聖母バシリカ会堂

場所	ボリビア、コパカバーナ
精神的伝統	キリスト教
関係する神	聖母マリア
建造時代	1576年
巡礼時期	通年。ただし2月2日、5月25日、8月6日には特別なフェスティバルが催される

コパカバーナはボリビア北部、ペルーとの国境に近いティティカカ湖沿いに位置する静かな都市だ。"黒い聖母"ともいわれる"蝋燭の聖母"の聖廟を擁するコパカバーナ聖母バシリカ会堂があることでボリビア中に広く知られている。コパカバーナからは太陽の島と月の島というインカの流れを汲む神聖な島へ渡る船も出ている。

地元に伝わる話によると、1576年にインカ人男性のグループがティティカカ湖で漁をしていたところ、不意に大嵐が起こった。命の危険を感じ、助けを求めて祈ると聖母マリアが姿を現して安全な場所まで導いてくれた。男達は感謝してすぐに聖母マリアを祭る廟を建て、中に木像を据えたという。

この像は"黒い聖母"と呼ばれるようになり、1583年に像を安置するための礼拝堂が作られた。像の高さは1m程で黒色をしている。聖母がまとう後光は金色でどことなくインカの太陽神インティをほのめかすようでもある。また足もとの船は銀製で、やはりインカの月の女神ママ・キジャを思わせる。聖母が起こした奇跡の話は即座に噂になり、1619年にはボリビアや隣国ペルーから押し寄せ続ける巡礼者に対応するため礼拝堂が拡大された。そして1805年に今あるような聖堂が完成し、今やボリビアで最も多くの人が訪れるキリスト教巡礼地となった。

現在の黒い聖母は機械仕掛けの祭壇に安置されており、週末には大勢の会衆に正面が向けられる。ただし平日は人々がロウソクをともして祈る横の礼拝堂の方を向いている。

コパカバーナの聖母にはボリビア全土とペルーから巡礼者が訪れる。

ゲッセマネの園

場所	エルサレム
精神的伝統	キリスト教
建造時代	33年
巡礼時期	一番巡礼者が多いのはイースター

ゲッセマネの園は、エルサレム旧市街の端からキドロン谷を挟んで東方にあるオリーブ山の麓に位置する。キリスト教徒にとっては世界でも最も神聖な地の1つで、苦悩の教会(またの名を万国民の教会という)とロシア正教会のマリヤ・マグダリナ教会を擁する。

キリスト教の聖典によればイエスはイスカリオテのユダに裏切られて磔刑に処せられる前夜にゲッセマネの園で祈りを捧げたという。こうしてゲッセマネの園はキリスト教巡礼者にとってこれ以上ないほど重要な地となった。巡礼者が記した最古の記録ではなんと4世紀のものが残っている。また同じ頃に巡礼者を受け入れるべくビザンチン教会が建築されたが、746年に起きた地震で崩れてしまった。

トルコによるエルサレム支配は英国がエルサレムを占領した1917年に終わりを告げる。そして1924年、アルゼンチン・ブラジル・チリ・メキシコ・イタリア・フランス・スペイン・英国・ベルギー・カナダ・ドイツ・米国の12ヶ国から寄付された資金によってゲッセマネの園の隣に苦悩の教会が完成した。この国際的な美しい教会は6本の柱で支えられ、献金を行ったそれぞれの12ヶ国に捧げる12個の丸天井が作られた。これに加えアイルランド・ハンガリー・ポーランドが教会にモザイクを寄付し、オーストラリアは岩床にクラウンを寄贈した。これはキリストが地上で過ごした最後の夜にその上で祈りを捧げた本物の岩だと信じられている。

ゲッセマネの園には4世紀からキリスト教巡礼者が訪れている。

クローパトリック山

場所	アイルランド、メーヨー州
精神的伝統	ケルト多神教、ケルト系キリスト教、キリスト教
関係する神／聖人	クロム・ドー、聖パトリック
時代	紀元前3500年頃
巡礼時期	通年。リークと呼ばれる7月最後の日曜日には大勢の巡礼者で賑わう

クローパトリック山はアイルランドのメーヨー州にあり、クルー湾を見下ろす高さ765mの聖山だ。静かで美しい形の山ははるか昔、毎年大鎌を持ってやってきて収穫を手伝ってくれるというケルト神クロム・ドーが住んでいたとされる。5世紀、聖パトリックは悪魔を追い払うためにクローパトリック山に登ったといわれ、以来重要なキリスト教巡礼地である。

クローパトリック山がいつから神聖視されていたのかについては定かではないが、聖パトリックの椅子（もしくはボヘストーン）と呼ばれる岩の突出部は、5000年程前の新石器時代に作られたと思われる円形や幾何学形の彫刻で飾られている。441年に聖パトリックが山を訪れた際も、既に多神教の儀式と礼拝が行われる聖地として長い歴史があった。最近、頂上で5世紀頃に建てられた石造りの小礼拝堂が発見された。

キリスト教の伝説によると、聖パトリックはケルト人をキリスト教に改宗させるためにアイルランドに渡った。その時にクロー山――多神教で崇められていたモニュメント――を訪れたのも不自然ではないだろう。彼はそこに連日40日間とどまり続けた。アイルランドから多神教の神々を残らず追い出すまで頂上で祈りと断食を行い、その後人々はキリスト教に宗旨を変えたという。現在毎年100万人ものキリスト教巡礼者がクロー山を訪れ、7月最後の日曜日に行われるリーク祭には4万人が登山する。裸足で登る人も多いが、ひざまずいたまま進む人もいる。

メーヨー州のクルー湾から望むクローパトリック山。

チマヨ・サンクチュアリ

場所	米国、ニューメキシコ
精神的伝統	キリスト教
建造時代	1810年
巡礼時期	通年

チマヨ・サンクチュアリはニューメキシコ州にあり、米国で最も重要なカトリックの巡礼地であることは衆目の一致するところだ。サンタフェ北方約50kmに位置するこの静かなサンクチュアリには毎年30万人近い人が訪れ、多くの奇跡が起こる村として有名だ。

地元に伝わる話によれば、19世紀の初めにエル・ポトレロ丘でドン・ベルナルド・アベイタが祈っていると、地中から明るい白光が輝き出した。走り寄ってその地面を手で掘り起こすと十字架があった。アベイタは近隣に住むセバスチャン・アルバレス司祭に知らせ、司祭はチマヨまでやって来てサンタクルスの教会に十字架を持ち帰り、祭壇の隣に飾った。しかしどういう訳か翌朝十字架は影も形もなくなっており、後に十字架は掘り出された穴の中で見つかる。アルバレス司祭は再び自分の教会に十字架を持っていくが、やはり消えてしまった。3度目に十字架が消えたところで司祭はあきらめ、チマヨに置くのがふさわしいと認めた。

こうしてアベイタは1810年、十字架を見つけた場所に小さな礼拝堂を建てた。すると次第に巡礼者が増え始めたため1816年に大きな教会が建てられた。大半の者はこの穴の砂をほんの少し口にし、病などからの奇跡的な回復も多く報告されているという。

現在、巡礼者は美しい庭を抜けて2つの鐘楼を備えた日干し煉瓦造りの教会に入る。中には砂がわき出すという穴を囲む小部屋がある。巡礼者は砂をひとすくいしてから祭壇の前で祈る。そして砂で自分の体をこすり、奇跡の治癒が起こるように願うのだという。

巡礼者は庭を抜けて日干し煉瓦造りの教会に入り、聖なる砂を手にする。

スワヤンブナートのストゥーパ。祈りの旗がはためく金色の尖塔。

スワヤンブナートのストゥーパ

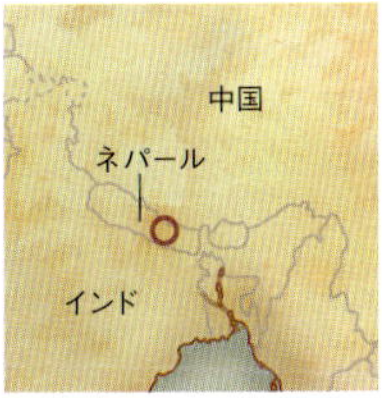

場所	ネパール、カトマンズ
精神的伝統	仏教、ヒンドゥー教
関係する神	文殊菩薩、シヴァ
建造時代	5世紀もしくはさらにさかのぼる
巡礼時期	通年

カトマンズにはあまたの見事な寺院や神殿があるが、一番有名なのはまず間違いなくスワヤンブナートのストゥーパだろう。木が茂る丘の頂上に鎮座する金色の尖塔は谷のほぼどこからでも見える。仏教に古くから伝わる話によれば、カトマンズはかつて湖の下に沈んでいた。しかし文殊菩薩が魔法の蓮——スワヤンブナート——をこっそり水面に浮かべて明るい光を広げた。菩薩は地面に大きな穴を開けて水を全て流し出し、カトマンズを人が住めて巡礼者が訪れる土地に作りかえた。魔法の蓮は丘となり、そこにスワヤンブナートのストゥーパが建てられた。面白いことに地質学者によるとカトマンズは昔本当に湖で、スワヤンブナートはそこに浮かぶ島だったらしい。

カトマンズという都市は723年に創設されたことになっているが、スワヤンブナートのストゥーパは仏教徒にとって少なくとも5世紀から重要な巡礼地だった考古学的証拠がある。しかしもっと早くから人々が彼の地に詣でていたはずと考える仏教徒も多い。

現在、ストゥーパには17世紀にプラタップ・マッラ王が作らせた350段の階段を登っていかねばならない。丘の麓には高さが4m近くある大きなマニ車が設置され、回すと鐘が鳴る仕組みになっている。足形が刻まれた神秘的な石もあり、これは仏陀の足跡だともいわれる。

丘の頂上に登ると、壮麗な金色のストゥーパの両側に寺院が建てられている。ストゥーパは大きなドーム形の台に四角い塔が乗せられ、4つの側面に四方を見渡す仏陀の目が描かれている。スワヤンブナートの丘には他の寺院も数多く建造されており、うち1つではヒンドゥー教の女神ガンガーとヤムナが祭られている。

ニーダロス大聖堂

場所	ノルウェー、トロンヘイム
精神的伝統	キリスト教
関係する神	聖オーラヴ
建造時代	1031年
巡礼距離	全距離643km、徒歩で25日
巡礼時期	通年。7月29日には大きなフェスティバルが開催される

ノルウェー西岸に位置する都市トロンヘイムはかつて北ヨーロッパで最も人気の高いキリスト教巡礼地だった。現在はノルウェーの守護聖人聖オーラヴの遺骸を納める壮麗なゴシック式大聖堂を擁する。

歴史学上、オーラヴ・ハラルドソンは995年に生まれたとされる。誇り高いヴァイキング戦士だったがフランスでの戦闘中に18歳でキリスト教に改宗した。その後すぐに聖地(パレスチナ)へと巡礼に向かうが、その途上でノルウェーに戻って王になるよう告げる声を聞いた。1015年彼はノルウェーの首都トロンヘイム(当時はニーダロスという名だった)に到着して王位に就く。13年に及ぶ統治期間中にオーラヴはノルウェー国民を全てキリスト教に改宗させようと尽力した。しかし強力な多神教指導者が蜂起し、1028年軍事的に拡張しすぎたせいでイングランド王カヌートに敗北を喫する。オーラヴはロシアへ逃亡し、そこで王位を奪回せよという声を聞いて引き続き使命に準ずることを決意する。彼はノルウェーに戻るが1030年のスティクレスターの戦いで致命傷を負う。その遺体はトロンヘイムへ運ばれて埋葬された。

1031年、司教がオーラヴの遺骸を掘り起こして彼を列聖し、ノルウェーの人々もこれを歓迎した。墓の上に建てられた木造教会にはノルウェー中から巡礼者が訪れた。そのうちオーラヴの廟にまつわる奇跡的な癒しのエピソードが知られ始め、1300年には押し寄せる巡礼者を迎えるための素晴らしいゴシック式大聖堂が建造された。この建物は5回に渡って火災により破壊されるが、その度により大きな教会に建てかえられ、とうとうニーダロス大聖堂はノルウェーで最大の中世建築物となった。1537年の改築後ニーダロスへの巡礼は行われなくなったが近年再開され、現在は古い巡礼路をていねいに修復したオスロからトロンヘイムまでの小道を何千という巡礼者が歩いてやってくる。

ニーダロス大聖堂の壮麗なゴシック式ファサード。かつてはノルウェーで最も見事な中世建築だった。

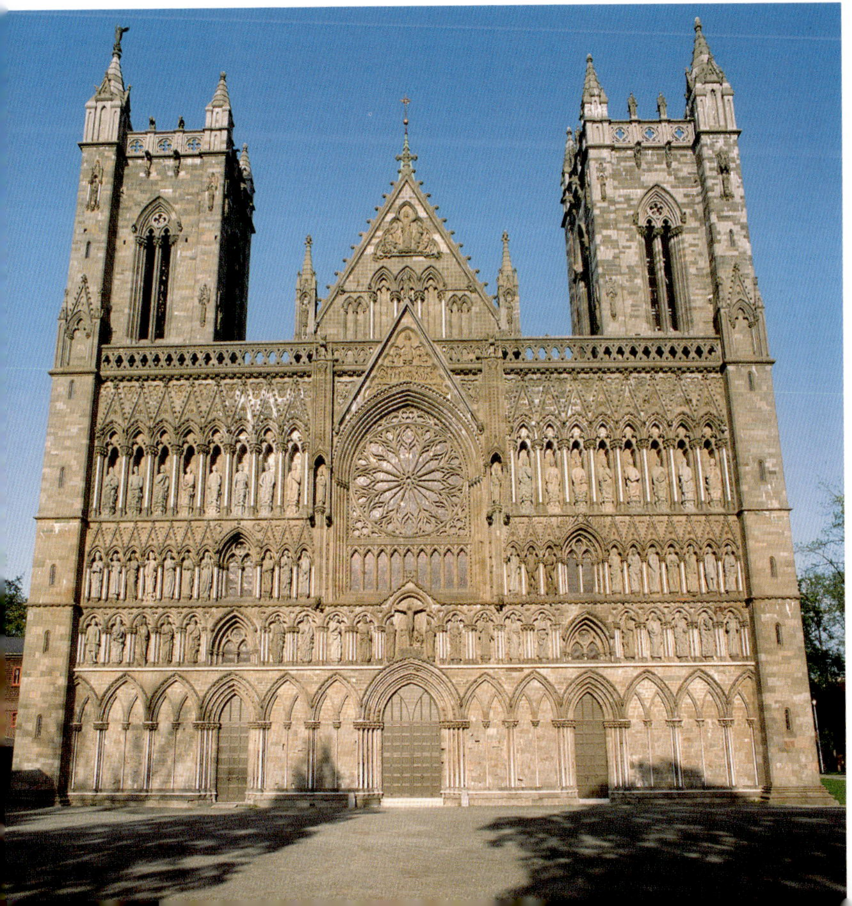

ジョカン寺

場所	中国、チベット
精神的伝統	チベット仏教
関係する神	仏陀
建造時代	7世紀
巡礼時期	通年。ただし中国政府から特別許可を得ねばならない

ジョカン寺はチベット南部のラサ――英語ではフォービドゥンシティとも呼ばれる――にある。ゲフェル山(gephel)を望むこの寺はチベット仏教における至聖地だ。崇敬される釈迦牟尼像が安置され、ダライ・ラマの即位式が行われる場所でもある。

ラサはソンツェン・ガンポ王が仏教徒である2人の女性と結婚した7世紀以来、変わることなく仏教徒にとっての聖地である。最初の后はネパールのブリクティー・デーヴィー、2度目の后は中国から嫁いだ文成公主で、文成公主は阿閦如来と釈迦牟尼の聖像を持参していた。釈迦牟尼像は仏陀の存命中にインドラ神の命によりヴィシュヴァカルマンの手で作られたといわれ、チベットにおける至聖の仏陀像である。王は釈迦牟尼像を安置すべくリンポチェ寺を建造したが649年に逝去し、文成公主は中国からの侵略者によって像が奪われるのを恐れて、他の像のために建立されたラサのトゥルナン・ツクラカン寺に隠した。710年、さし迫った危険が去ったところで釈迦牟尼象は公開され、寺は至聖の像にちなんでジョカン寺と改名された。

現在ジョカン寺は4階建ての大きな建物だが、これは主に17世紀、ダライ・ラマ5世が大規模な増築を行っていくつかの祈りの間を加えたためである。18世紀と19世紀には多数の壁絵が加えられたが、1959年の中国によるチベット侵攻に続く文化革命中に損なわれてしまった。釈迦牟尼像は現在1階に安置されている。

毎日何千人もの巡礼者がラサの釈迦牟尼像に詣でる。

ヤスナ・グラ修道院

場所	ポーランド、チェンストホヴァ
精神的伝統	キリスト教
関係する神	聖母マリア
建造時代	1382〜1386年
巡礼時期	通年

ヤスナ・グラ修道院はポーランドで至聖の巡礼地であり、聖母マリア信仰者にとっては世界で3番目に重要な巡礼地だ。ヴァルタ川沿いに位置するチェンストホヴァにあり、多くの奇跡を起こしたといわれる“チェンストホヴァの黒い聖母”というイコンが安置されている。

キリスト教に伝わる話によると、“黒い聖母”はローマ皇帝コンスタンティヌスの母ヘレナが4世紀に聖地(パレスチナ)を訪れた時に発見したという。この聖遺物は福音書記者聖ルカが、キリストが作ったテーブルの上で描いたといわれる。ヘレナは永遠にイコンを保管しようとコンスタンティノープルに持ち帰ったが、803年に結婚式の贈りものとしてビザンチン帝国皇帝が提供してしまう。その後イコンはほぼ600年の間ウクライナに置かれ、ポーランド軍がウクライナの都市ベルスを略奪した後にポーランドにもたらされる。

ポーランド王は聖遺物をハンガリー修道士のグループに託し、1382年から1386年の間にヤスナ・グラ修道院が建てられた。1430年チェコスロヴァキアからプロトプロテスタントが侵略してきてヤスナ・グラ修道院を蹂躙し、剣で黒い聖母に斬りつけてイコンを冒涜した。イコンは血と泥の海の中に残されたが、その地に泉が湧き出し、修道士はこの水でイコンを清めたという。切り裂かれた跡は今も残っている。

1655年スウェーデン軍がポーランド国境に集結した際にポーランド軍の小隊が黒い聖母に助けを求めて祈った。すると何という奇跡かスウェーデン軍は撤退し、瞬く間にヤスナ・グラはポーランドにおける一大キリスト教巡礼地となる。1920年ソビエトの赤軍がポーランドを侵攻しそうになると人々は再び黒聖母に祈り、“ヴィスワ川の奇跡”が起きたといわれる。

チェンストホヴァの黒い聖母は福音書記者ルカが描いたとされる。

ケルアンの大モスク

場所	チュニジア、ケルアン
精神的伝統	イスラム教
建造時代	670年
巡礼時期	通年

ケルアンの大モスクはチュニジアの歴史ある都市ケルアンに位置する。古代イスラム時代に作られた建物の中でも指折りのその美しさは世界的に有名で、知られている限り建造時期が最も古いミナレットを有する。ミナレットは3層になっていて30mもの高さを誇る。

伝説によるとアラブの将軍ウクバ・イブン・ナーフィーと従者が馬で砂漠を行軍している際、砂に埋まった黄金のゴブレットを見つけた。1人のイスラム教兵士が、それがメッカからいつの間にか消え失せたゴブレットであることに気づいた。砂から引き出すと不思議なことに泉が湧いた。別の兵士が泉の水を口に含み、メッカの聖なる井戸から湧く水と同じ味だと断言した。この奇跡を受けて砂漠の都市を造り大モスクを建造する決定がなされた。

この話の真偽はさておき、ウクバ・イブン・ナーフィーが670年頃に砂漠の都市ケルアンを創設したのは事実だ。彼はその後に征服した都市（カルタゴが有名）から奪った石板を使ってモスクを建てた。ケルアンが都市として重要性を増すにつれモスクは何度も大きく建てかえられ、とうとう現在見られる大モスクが9世紀末に完成した。

モスクは広々とした礼拝堂と中庭、巨大なミナレットからなる。構造を支えるのは414本の柱だが、長い間数えることは許されなかった――数えると盲目になる罰が下るとされていたからだ。ただし神が罰を下すのか、信徒が下すのかは定かでない。

モスク内部のデザインは目を見張るほど美しく、見事な絵や、木・大理石・石の彫刻、流麗極まりないイスラム風のカリグラフィで飾られている。

11世紀頃になるとケルアンは経済的・軍事的な力を失っていたが、大モスクのおかげでイスラム教の重要な巡礼地としての地位は変わらなかった。ケルアンを7回訪れるとメッカに1度詣でたのと同じことになるという。

ケルアンの大モスクは414本の柱で支えられている。巨大なミナレットが中庭を見下ろしている。

クシナガラ

場所	インド、ウッタルプラデーシュ州
精神的伝統	仏教
関係する神	ゴータマ・ブッダ
建造時代	紀元前3世紀
巡礼時期	通年

クシナガラはクシナラとも呼ばれ、インド北部ウッタルプラデーシュ州にあるカシア近く、ヒラニヤヴァティー川沿いにある仏教の至聖地だ。仏陀入滅の地として世界的に知られ、仏陀自らが認めた4ヶ所の神聖な巡礼地の1つでもある。

仏教に伝わる話によれば、齢80になった仏陀はいよいよ病が重くなり、死地を求めてインド北方へと旅に出た。ヒラニヤヴァティー川で沐浴してから沙羅双樹の木に縄で作った寝床をかけた。そして横になると左手を体の上に乗せ、右手を頭の下に添えた――全ての釈迦入滅像に共通する姿勢である。直後にスバッダが仏陀に近づいたが、仏陀の従兄弟であるアーナンダに止められて話しかけられなかった。仏陀はスバッダを最後の弟子にした。そして近くにいた僧を呼びよせて"最後の説法"を行った。仏陀は自分が死んでも悲しまず、教えの中に生きていることを心に刻むよう説いた。また修行は自らを解放するためにするもので、全てはいつか滅びゆくことを教えた。そして仏陀は深い瞑想に沈んでいき、涅槃という至福の空に入った。仏陀の弟子は483年5月の満月の夜、マクタバンダナに亡骸を埋葬した。

3世紀、仏教徒でもあるアショカ王はクシナガラに多くの寺院を建てる後押しをし、クシナガラは5世紀位まで栄えた。しかし13世紀には放棄されて忘れ去られてしまう。18世紀に発掘が開始され多くのストゥーパが発見された。中でも最も重要なのはブッダの入滅した地を示す大涅槃寺で、1956年に再建された。ここには5世紀に作られたと思われる仏陀涅槃像がある。砂岩を丁寧に彫った見事な像で、長さ6m以上ある。

仏僧が巨大な仏陀涅槃像に儀式として衣服を着せているところ。

ラリベラ

場所	エチオピア、ラリベラ
精神的伝統	エチオピア正教会
関係する聖人	エチオピアの聖ジョージ
建造時代	12世紀
巡礼時期	通年

エチオピア正教会にとってラリベラはエチオピアでアクスムに次いで神聖な都市だ。その名はラリベラ王にちなみ、12世紀と13世紀に作られた見事な岩窟教会群を擁する。岩窟教会群は主要なキリスト教巡礼地でもある。

伝説によると王子が生まれる時、ミツバチの群れが王子を取り囲んだ。女王は息子がいつの日か王になった時に仕える兵士達を表しているに違いないと解釈した。そこで女王は息子に"王の座を見るミツバチ"を意味するラリベラという名をつけた。ラリベラの兄は母親が弟ばかり熱心に可愛がるので嫉妬し毒を盛った。すると天使の一団が現れ、天国へ連れていかれたラリベラは神から12の特別な教会をもって新しきエルサレムを作るように命じられた。ラリベラは3日後地上に戻ると兄と和解し、1189年エチオピア王となる。エルサレムがイスラム教徒に占領された2年後のことだった。その後兄弟で訪れたロハで大天使ガブリエルに会った。ガブリエルは25年に渡って教会建設に手を貸してくれたという。ラリベラ王は死後列聖され、都市は彼に敬意を表してラリベラという名に改名された。

ラリベラ王が建造した教会は世界でも類を見ないものだ。どれも断崖面または地面を直接掘って作られ、1つひとつ独立してはいるものの地下のトンネルでつながっているものもある。教会は今なお利用されており、美しい壁絵で飾られている。

一番印象的な教会はエチオピアの守護聖人聖ジョージを祭ったもので、聖ジョージは教会建築中に白馬に乗ってラリベラ王の前に姿を現したという。十字架形に作られた教会は地面を掘った深い洞穴内にある。屋根は3つのギリシャ十字で飾られている。

聖ジョージを祭る教会の屋根にはギリシャ十字が刻まれている。

聖なる家の廟

場所	イタリア、ロレト
精神的伝統	キリスト教
関係する神	聖母マリア
建造時代	1294年
巡礼時期	通年。ただしロレトの聖母マリア祝祭は12月10日

聖なる家の廟はイタリア東部、マルケ州中央部の海岸近くに位置するロレトにある。一見すると何でもない小さな石造の建物だが、聖母マリア信奉者にとっては世界でも他にない最も重要な巡礼地で、毎年400万人近い人々が詣でる。

新約聖書には、少年時代のイエスはエルサレム近くのナザレにあるつつましい家で両親と暮らしていたと記されている。カトリックに伝わる話によれば4世紀、ローマ皇帝コンスタンティヌスがこの聖地に教会を建ててイエスの母マリアを祭ったという。1291年、聖なる家が壊されるのを恐れた天使たちがクロアチアの平原にある教会の下に運んだ。そして1294年、迫るイスラム教信者の侵略から守るため再び天使たちがイタリアのレカナーティに運び、さらに安全と思われたロレトに移された。

1469年、カトリック教会がまるで要塞のようなバシリカで聖なる家を覆った。これが今も見られるバシリカだが、当時と比べると内側も外側もかなり手が加えられている。1507年には聖なる家を守るためにていねいに削り出された大理石の壁が立てられる。そして1510年、キリスト教巡礼地として公式に認められた。

聖なる家は幅4m、奥行き10mほどの長方形の小さな家だ。内壁は色褪せた中世の絵で飾られ、洞窟にも似た一間の奥には“ここで言葉は肉となった”とラテン語で記された祭壇があり、その上には中世の小さな聖母マリア像が安置されている。

科学者が聖なる家を調査したところ、側壁は1世紀のものという結論が出た。

聖なる家の廟を覆う教会の壮麗な内部。

ルルドの聖母大聖堂

場所	フランス、オート・ピレネー県
精神的伝統	キリスト教
関係する聖人	聖母マリア
建造時代	1858年
巡礼時期	通年。ただし主な巡礼祭は8月15日

ルルドはフランス南西部の小さな町だが、19世紀半ばに1人の少女が聖母マリアを幻視して以来、一大キリスト教巡礼地となった。ピレネー山脈に連なる丘陵地帯に位置し、現在は壮麗なルルドの聖母大聖堂を擁する。ルルド大聖堂は地元では“ドメイン”と呼ばれ、そこに湧く神聖な泉には世界中から巡礼者が訪れる。

1858年2月11日、農夫の14歳になる娘ベルナデッタ・スビルーがポー川岸の洞穴で白いガウンをまとった女性に初めて出会った。この後、ベルナデッタは何度も同じ女性を見ることになる。不思議な女性との出会いが9回目を迎えたところでベルナデッタがひざまずいて足元の土を掘ると水がにじみだし、現在有名なルルドの泉となった。3月25日、不思議な女性との出会いが16回目を迎えたところで女性は自分が聖母マリアであることを明かした。聖母マリアが最後に現れたのは数ヶ月後の7月16日だった。他にも洞窟に入った者はいたが、聖母の姿を見て声を聞いたのはベルナデッタだけだったという。

この不可思議な出来事にどう対処すべきか誰もがとまどったが、3年後に地元の司教モンシニョール・ベルトラン＝サヴァ・マカロー・ロランスが洞穴と周囲の土地を購入し、司祭と協力してこの地に最初の教会を建てた。1864年にリヨンの2人の姉妹から聖母マリア像が送られた。現在もこの像は岩屋に安置されて聖母崇拝の中心となっている。今までルルドを訪れた巡礼者は推計で2億人以上といわれている。

ルルドの聖母大聖堂にはのべ2億人以上が訪れた。

仏陀生誕の地ルンビニーにあるアショカ王の柱。

ルンビニー

場所	ネパール、カピラヴァストゥ近くのルンビニー
精神的伝統	仏教
関係する神／要人	ゴータマ・ブッダ、マーヤー
建造時代	紀元前6世紀
巡礼時期	通年

ルンビニーはネパール南部、インドとの国境近くのヒマラヤ山脈麓の丘陵地帯に位置する小さな町だ。仏教徒の間では最後の応身仏ゴータマ・シッダールタの生地と信じられており、仏教徒巡礼者にとって世界の4大聖地の1つである。ほかの3つは仏陀が悟りを開いたブッダガヤ（参照→p.266～267）、最初に説法を行ったサールナート（参照→p.238～239）、入滅の地クシナガラ（参照→p.222～223）だ。

仏典によればゴータマ・シッダールタ王子は紀元前563年にルンビニーでマーヤー妃の息子として生まれた。彼は29歳まで何不自由なく暮らしたが、父王の意に逆らって宮殿を出て人間の苦しみを目の当たりにし、旅に出る。そして長い旅路の果てについに悟りを開いた。

仏陀誕生の地にはマーヤー・デーヴィー寺院がある。白色の小さな建物だが、驚いたことに何世紀もの間忘れられており、1895年にドイツ人考古学者によって再発見された。ここには仏陀を生んだばかりで沙羅双樹に体を預けているマーヤー妃と、蓮の葉にすっくと立つ仏陀を描いた古代のバスレリーフがある。またこの建物は紀元前3世紀のもっと古い寺院の基礎の上に建てられているらしい。他にも大きな柱が発掘されており、おそらくこれは紀元前249年に仏教徒だったアショカ王が建てた4本のうちの1本だと思われる。寺院の外にはマーヤー妃が仏陀を生み落とす直前に水浴し、仏陀が産湯をつかったといわれる神聖なプスカリニ池がある。

現在、ルンビニーに隣接して仏教礼拝に利用される修道のための広い区域がある。これは東西に二分されており、東は小乗仏教、西は大乗仏教と金剛乗のための区画である。

マスジド・アルハラーム

場所	サウジアラビア、メッカ
精神的伝統	イスラム教
関係する預言者	ムハンマド
建造時代	不詳
巡礼時期	ヒジュラ歴12月(イスラム歴で12番目の月)の7日～13日――毎年日は変わる。非イスラム教徒は入れない

メッカはサウジアラビアのマッカ州の州都で、預言者ムハンマドの生誕の地でもある。そのためイスラム世界では至聖の地だ。紅海から70km程離れた狭い谷に位置し、世界最大のモスクであるマスジド・アルハラームを擁する。モスクの中央には神聖なカアバの黒石が安置され、毎年何百万人という巡礼者が訪れる。

メッカにはイスラム前の神話が数多くあり、最初の人間アダムに与えられた聖廟があった地だと説かれている。とあるアラビアの話によると、ノアの方舟はアダムの聖廟を7回ぐるりと回ってから北方の水が引いた土地を探しに行ったという。イスラム聖典ではこの聖書にも載っている古代のエピソードについては触れられていないが、メッカにはハガルと息子イシュマエルが住まい、サラの夫アブラハムが頻繁に訪れていたと記されている。またサラが死んだ際、アッラーはサラの家の跡地に神殿を建てるように命じている。アブラハムがいわれた通りにすると天使ガブリエルが現れて聖なる石を与えて神殿内に安置するように告げた。そしてガブリエルはアブラハムとイシュマエルに石の回りを7回まわるようにいった。現在何百万人というイスラム教巡礼者がこれと全く同じ儀式を行うべくメッカを訪れる――健康と金銭上の問題がなければ全てのイスラム教徒が一生に1度は果たすべき神聖な義務なのである。

570年、当時は多神教の都市だったメッカに預言者ムハンマドが生まれた。630年ムハンマドは軍を率いて聖都メディナ(参照→p.236～237)からメッカに戻り、人々をイスラム教に改宗させた。そしてメッカはアッラーのみを祭ると宣言し、イスラム教信徒が巡礼すべき聖地であると説いた。ムハンマドはメッカ中を歩き回り、彼が神聖視するイエスと聖母マリアの像を例外としてイスラム教以外の偶像を全て打ち壊してしまった。当時、神聖なカアバ石の上には月の女神ホバルの像が置かれていたが、ムハンマドは従兄弟のアリに自分の肩の上に乗って像を倒してしまうよう命じる。そして自分はアブラハムとイシュマエルが始めた古代の儀式を再開するつもりであり、イスラム教徒は例外なく自分と同様の献身を求められる

マスジド・アルハラームに安置されるカアバ石のもとへ赴く巡礼者たち。

と告げ、メッカ巡礼を促した——メッカ巡礼は“イスラム教の5番目の柱”として広く知られている。

近年は毎年催されるイスラムの祭イード期間中に250万人もの巡礼者が聖なるメッカに赴く。イスラム界にはマスジド・アルハラームから10km程まで来た時点で特別に仕立てられた白いチュニックに着替える伝統がある。こうすることでイラームという霊的な状態に入るのだという。そして巡礼者はマスジド・アルハラームへ向かう。マスジド・アルハラーム内に入ったら、13世紀前にムハンマドが指示した通り偉大なるカアバ石の周囲を反時計回りに7回まわる。次に銀の枠にはめこまれ床から1m余の高さに安置された黒い聖石にキスをする。そしてムハンマドがクルアーンの最後の句を受けとったアラファト平地における大集会に参加するなどメッカとその周辺の聖地を数多く巡り、最後にもう一度マスジド・アルハラームに戻る。巡礼から家に戻ったら名前の最後に男性はアルハッジ、女性はアルハッジャとつけるのが習慣だ。カアバ石の絵を描いて自宅の目立つ場所に飾る巡礼者も多い。

マスジド・アルハラームの中庭に集う無数のイスラム教巡礼者。

預言者のモスク

場所	サウジアラビア、メディナ
精神的伝統	イスラム教
関係する預言者	ムハンマド
建造時代	622年
巡礼時期	通年。ただしメッカ巡礼の後に訪れるイスラム教徒が多い。メディナの大半はイスラム教徒しか入れない

聖都メディナはサウジアラビア西部、メッカ北方340km程の紅海から200km近く離れた所にある。山々に囲まれた豊かな緑の谷の中に位置し、イスラム教ではメッカ（参照→p.232～235）に次ぐ至聖の都市だ。

イスラム教に伝わる話によればメディナの人々は622年にメッカを逃れてきたムハンマドをかくまい、ムハンマドは抗争をくり返す部族同士をイスラム教のもとで団結させるまでメディナに留まった。630年にメッカを征服したムハンマドはその後メディナに戻って632年に生涯を閉じた。望みに従って彼はかつて住んでいた家の敷地、すなわち信徒たちの協力のもと、預言者のモスクを建立した場所に葬られた。

現在の預言者のモスクは建立時の100倍程の大きさだ。13世紀、預言者の墓の正確な場所を示す、鉛版で裏打ちされた大きなドーム（緑色に塗られて“緑のドーム”と呼ばれる）がつけ加えられた。後に400年に渡って国を統べたオスマン帝国のスルターンたちが大々的な増築を行ったが、規模が大きい工事は1932年にサウジアラビア王国が成立してから数回実施されたもので、毎年増え続ける巡礼者を収容するのが主要な目的だった。こうして今や預言者のモスクは世界で2番目に大きいモスクとなり、1度に50万人の礼拝者を収容できる。24個の美しいドームに飾られ、所々に壮麗なミナレットが立つモスクは素晴らしい眺めだ。

サウジアラビアへの大巡礼中、多くの巡礼者が預言者の墓を訪れる。そしてほとんどの者ができるだけ近くで祈りを捧げようと墓を目ざす。墓の南にある小さなエリアが祈りの場所だが、巡礼者の数があまりにも多いため全員がたどりつけるわけではない。これはなかなか残念なことだ。ここで1度祈ると他のモスクでの祈りの1000回分に相当し、祈れないと全く無意味になるといわれているからだ。

メディナにある預言者のモスク。預言者ムハンマド自身の墓の上に建てられている。

サールナート

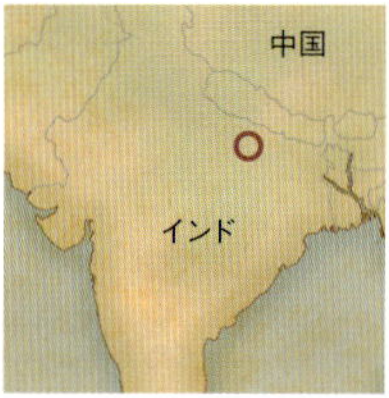

場所	インド、ウッタルプラデーシュ州
精神的伝統	仏教、ジャイナ教
関係する神／祖師	ゴータマ・シッダールタ、シュレヤーンサ
建造時代	6世紀
巡礼時期	通年

仏教の聖都サールナートはインドのウッタルプラデーシュ州、ヒンドゥー教の聖都ヴァラナシ（参照→p.284〜287）からちょうど13km北方にある。仏陀が最初の説法を行った場所、そして必要と感じたら巡礼を行うべき地として仏陀が自ら指定した4つの聖地の1つでもある。また11世紀のジャイナ教ティールタンカラ（悟りを開いた人）、シュレヤーンサの生誕地でもあり、ジャイナ教にとっても重要な巡礼地となっている。

仏教に伝わる話によると、紀元前6世紀に仏陀はブッダガヤ（参照→p.266〜267）で悟りを開いた後にサールナートへやって来たという。金銭の持ち合わせがなく、ガンジス川の渡し賃が払えなかったため空を飛んで越えた。それからサールナートにつくと鹿野苑で以前一緒に修行をしていた5人の仲間に出会い、ダーマという仏教の教義を教えた。すると5人も悟りを得ることができた。この5人が最初の仏僧となり、サンガという仏教教団を形成した。次第に教団の人数は増えたが、60人となった時点で仏陀は僧全員にサールナートを去って人々にダーマを伝えるよう指示した。僧らは四方に散っていき、インド中と他国に仏陀の言葉を広めた。

現在は仏陀が最初に説法を行った場所を記念してダメークストゥーパが立てられている。この美しい石彫りの塔は高さ40m以上、幅は30m近くある。紀元前2世紀に作られたものを5世紀に建て直したものである。

見事な石造りのストゥーパ。仏陀が最初の説法を行った場所を記念して立てられた。

聖カタリナ修道院

場所	エジプト、シナイ山
精神的伝統	ユダヤ教、キリスト教、イスラム教
建造時代	527年
巡礼時期	通年

聖カタリナ修道院はエジプトのシナイ半島にあるシナイ山の麓、ガザ地区およびイスラエルの国境の近くに位置する。ユダヤ教とキリスト教、イスラム教の伝説によるとシナイ山はモーセが神から十戒を授かった地であり、燃える柴の奇跡が起きた際にユダヤ人をエジプトから連れ出すよう命じられた場所でもあるという。

修道士らがシナイ山で生活を始めたのは3世紀頃だと思われる。4世紀初めにはコンスタンティノープルの聖ヘレナがシナイを訪れ、神がモーセの前に姿を現したといわれるまさにその場所に“燃える柴の礼拝堂”を建てた。

5世紀初期、ビザンチン帝国皇帝ユスティニアヌスが礼拝堂保護のために高さ70mにも及ぶ頑丈な花崗岩の壁を立て、その後565年に崩御する前に礼拝堂を囲む“変容の教会”を建築した。この教会は後にアレクサンドリアの聖カタリナに敬意を表して聖カタリナ修道院と名づけられた。聖カタリナは3世紀に非情な刑により殉死した女性で、その亡骸は天使によってシナイ山まで運ばれたという。800年頃に修道士らがシナイ山で彼女の遺体を発見したことになっており、遺骸は大理石の容器に収められバシリカに安置されている。過去1400年に渡り幾多の襲撃を受けてきたが、周囲を囲む巨大な壁のおかげで修道院は無傷で残っている。

現在聖カタリナ修道院は東方正教会が所有しており、今なお機能している世界で最古のキリスト教修道院だともいわれる。最も人々の関心を引きつけるのは礼拝堂内に伸びる低木すなわちシナイ半島原産のバラの古株で、これこそ神がモーセの前に顕現した際に燃えた柴だと信じられている。

聖カタリナ修道院。モーセが十戒を授かったといわれるシナイ山麓にある。

テンプルマウント

場所	エルサレム
精神的伝統	ユダヤ教、イスラム教、キリスト教
建造時代	紀元前10世紀
巡礼時期	通年。ただし質素な服装で行くこと。宗教的行為は禁じられている

テンプルマウント（神殿の丘）――イスラム教では“ノーブルサンクチュアリ《聖地》”と呼ばれる――はエルサレムの旧市街にある面積14ヘクタールほどの丘だ。世界でも最も重要で、しかも争いの絶えない土地でもある。ユダヤ教ではヤハウェがアダムを作ったとされる場所であり、イスラム教ではムハンマドが神聖な昇天を行った地と信じられ、そしてキリスト教ではキリストが最初の説教を行ったのがこの丘の上であると考えられているからだ。所在地はイスラエル領内だがイスラム宗教評議会（Muslim Religious Council）が管理しており、非イスラム教徒は祈りを捧げないよう求められている――イスラエル政府が祈りを禁じているのである。

テンプルマウントの所在地には、“契約の聖櫃”を安置するソロモン王の神殿（紀元前957年）があったとされる。紀元前6世紀、ユダヤ人はバビロン捕囚の憂き目に遭い、契約の聖櫃は盗まれて神殿も徹底的に破壊された。現在この神殿が建っていた正確な位置は不明だが、敬虔なユダヤ教徒はうっかり契約の聖櫃があった位置を踏んでしまうのを恐れてテンプルマウントには入らない。

紀元前19年、ヘロデ王がユダヤ人のために大規模な拡張工事を行った。その時は巨大な壁を土台にした高壇の大きな神殿が建造された。この壁は今も一部が残っている。また新約聖書の福音書でキリストがユダヤ人の金貸しを追い出した神殿もここだといわれる。70年にはローマ人とユダヤ人の間で戦争が勃発しローマがヘロデ王の神殿を破壊する。以後70年に渡りローマ人とユダヤ人の間で小競り合いが絶えず、とうとうユダヤ人はエルサレムから完全に追い出されてしまう。4世紀初期になってコンスタンティヌスがキリスト教を信仰する最初のローマ皇帝となり、ようやくユダヤ人のエルサレム帰還が許された――そして1年に1度だけヘロデ神殿の残骸である壁の所に集って神殿の消失と聖地からの追放を嘆くようになった。この壁は長さ60m程で“西壁”または“嘆きの壁”と呼ばれ、ユダヤ教では至聖の地でもある。

325年、コンスタンティヌスの母ヘレナがテンプルマウントにあったローマのジュピター神殿のほぼ真上に聖キュロスと聖ヨハネの教会を建てた。100年後、ユダヤの人々はエルサ

西壁から見たテンプルマウント。アルアクサモスクと並ぶ黄金の岩のドーム。

レムに戻って嘆きの壁に礼拝できるよう懇願する。これは許可されてその後200年間キリスト教徒は聖キュロスと聖ヨハネの教会の中で、ユダヤ教徒は嘆きの壁で祈りを捧げることとなった。

637年にカリフ・オマールがエルサレムを占拠し、キリスト教教会は破壊され

岩のドームと当時の壁を再現したテンプルマウントの想像図。

た。691年、イスラム教徒は同地に“岩のドーム”を建てることにした。これは青いモザイクで飾られ黄金のドームを頂く目を見張るような神殿である。おそらく世界最古の現存するイスラム建築であり、ムハンマドが昇天する際に立ったといわれる石が安置されている。720年ノーブルサンクチュアリの傍に美しいアルアクサモスクが建築され、イスラム教では3番目に神聖な地とされる。ムハンマドは元々このモスクに向けて礼拝するよう求めており、メッカに向けての祈りを定めたのは後のことだ。

1099年キリスト教十字軍がエルサレムを征服し、ユダヤ教徒とイスラム教徒を虐殺した。さらにユダヤのシナゴーグを破壊しアルアクサモスクをキリスト教教会にしてしまったが1187年にサラディンがエルサレムを奪回、アルアクサモスクは修復されてユダヤ人はエルサレムに戻れることになり、また嘆きの壁に祈りを捧げ続けた。しかし1928年、イスラム教徒とユダヤ教徒の間に大きないさかいが起こり、これをきっかけに壁の周囲では度々衝突がくり返されるようになる。1967年イスラエルが武力で嘆きの壁を奪い、壁は最も主要なユダヤ教巡礼地となった。テンプルマウントの今後は予測できない。

ヴァチカン宮殿：サン・ピエトロ大聖堂とシスティナ礼拝堂

場所	イタリア、ローマ
精神的伝統	キリスト教
関係する聖人	使徒聖ペトロ
建造時代	324年～17世紀後期
巡礼時期	通年。ただし膝と肩が覆われた服装で

サン・ピエトロ大聖堂とシスティナ礼拝堂はヴァチカン市国の中にある。ヴァチカン市国はローマの中心にありながら独立した国家として機能する壁に囲まれた包領だ。最近までサン・ピエトロ大聖堂はキリスト教界で最大の教会だった。また世界で最も重要なキリスト教巡礼地の1つであることは間違いない。ヴァチカンには文字通り何千もの代表的な文明の産物や遺宝に加え、多くの見事な芸術品が保管されている。

カトリックに伝わる話によれば64年に皇帝ネロによって聖ペトロが礫刑に処されたが、324年にコンスタンティヌスがその地に聖ペトロ教会を建てた。聖ペトロはカトリック教会の初代教皇とみなされ、彼の遺骸は続く教皇の数え切れないほどの遺物とともにバシリカの下に納められているという。ここを訪れる多くのキリスト教徒の目的は聖ペトロの聖堂への巡礼だ。

15世紀後期に教皇シクストゥス4世が古い教会の隣にかのシスティナ礼拝堂を作らせ、16世紀初期にはユリウス2世が聖ペトロの聖堂を完全に建て直すことに決め、現在あるような壮麗な複合的構造に生まれ変わった。建築に当たっては多くの才能ある芸術家や建築家が任命された。偉大なミケランジェロもその1人で、バシリカの上に鎮座する巨大なドームをデザインした。またシスティナ礼拝堂の広い天井にも絵を描き、傑作『最後の審判』は比類ない最高の芸術作品だといわれる。

17世紀後期、巨大なバシリカの前に

サン・ピエトロ広場が完成した。広場を囲むのが140人のキリスト教聖人の精緻な石像で飾られた背の高い列柱廊である。またかつて皇帝ネロのものだった古代エジプトの見事なオベリスクと美しい2つの噴水——観光客と巡礼者両方の目を楽しませている——も広場に華を添えている。

ヴァチカン市国の中心部にそびえる壮麗なサン・ピエトロ大聖堂。

シャトルンジャヤのティールタンカラ像

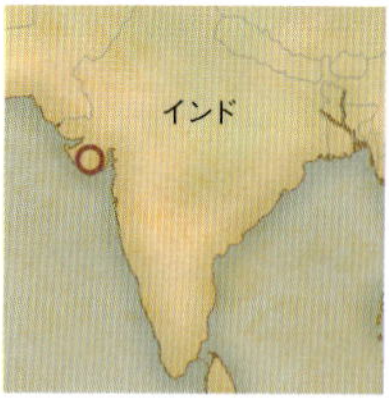

場所	インド、グジャラート州
精神的伝統	ジャイナ教
関係する聖人	アーディナータ
建造時代	11〜12世紀
巡礼時期	通年。丘の上まで3746段の階段を昇れない場合はかごを利用できる

インド西部のグジャラート州に位置するシャトルンジャヤの丘にはいくつものジャイナ教寺院が集まった目を見張るような光景が広がり、何千年もの昔から信仰的な巡礼の中心地となっている。ジャイナ教では悟りを開いた聖人をティールタンカラと呼び、前記の神聖な寺院ではその神聖で静寂に満ちたたたずまいを体現した見事な像の姿で表現されている。

ジャイナ教に伝わる話によると、初代のティールタンカラであるアーディナータと2代目以降のティールタンカラのほとんどがシャトルンジャヤの丘で悟りを得たという。そこでここが比類ない神聖な地であることを実感したジャイナ教の僧とその弟子が最初の寺院を建てた。伝説では、この僧は空を飛べて黄金を作り出すことができたといわる。丘の上に居並ぶ寺院が多くの宝物で飾られているのはそのためかもしれない。

この聖なる丘の上には900近い寺院があり、それぞれに他にない神聖な至宝が安置されている。一番大きくて最も重要な寺院はアーディシュワラ寺院で、1618年に裕福な商人が自分の魂を救うために建てたといわれる。アーディナータの聖像は大理石を彫刻して作られ、東西南北を向いた4つの顔がつけられている。ティールタンカラには敬虔な僧らが1日中供物を捧げ、鐘を鳴らして祈りを唱えている。僧は礼拝中は虫さえも傷つけないよう細心の注意を払う。ジャイナ教には生き物全てを害さないよう求める戒律があるからだ。

毎年晩秋、シャトルンジャヤの丘では大満月祭が催され、インド内外からジャイナ教巡礼者が訪れる。巡礼者は神聖なシャトルンジャヤ丘の大きな絵を掲げつつ近くの町パリタナの通りを歩いていく。

神聖なアーディシュワラ寺院を通っていくジャイナ教徒の参拝者。

ヤムノートリー

場所	インド、ウッタラーカンド州
精神的伝統	ヒンドゥー教
関係する神	ヤムナー
建造時代	1923年
巡礼路	6km
巡礼時期	一番気候が穏やかな夏がベスト

ヤムノートリーはインド北部ウッタラーカンド州に位置し、ヒマラヤ山脈に連なる高地にある。ヤムナー川——ヒンドゥー教ではガンジス川に次ぐ至聖の川であり、下流でガンジス川に合流する——の源流としても知られ、ヒンドゥー教徒にとって最も重要なヒマラヤ巡礼路であるチョーター・チャール・ダーム巡礼における4つの主な目的地の1つだ。

ヤムノートリーに初めて寺院が建てられたのは19世紀になってからだが、気候が厳しい上に地震も起こるためまもなく倒壊してしまった。1923年に新たな寺院が建設され、現在に至るまで何とか持ちこたえている。祭られているのはヤムナー女神で、花輪で飾られた小さな銀の女神像が安置されている。

ヤムノートリーには一番近い町からでも歩いて1日かかる。つまり山道は険しくつらいが、すがすがしい滝が点在し氷河に覆われた山を抜けていく巡礼路は絶景も楽しめるというわけだ。年配者や体力のない人はポニーや馬に乗っていくか(レンタルできる)、誰かに運んでもらう。到着すると温泉で沐浴でき、寺院の僧が儀式に従って別の温泉で調理した米飯を食べることもできる。この温泉の水源はヤムナー氷河の氷が溶けたものであるため特別神聖視される。ヒンドゥー教神話では、ヤムナーは太陽神スーリヤの娘であり、また死体から魂を引き出す役目を担うヤマ神は双子の兄であるとされる。ヤムナーは昔から純粋性と結びつけられており、その水で沐浴した巡礼者は罪を洗い清められると考えられている。そして死と再生のカルマというサイクルがスピードアップし、最終的な解放により早く到達できるのだという。

聖地ヤムノートリーまでかつがれていく年配の巡礼者。

イラーハーバード／プラヤーグ

場所	インド、ウッタルプラデーシュ州
精神的伝統	ヒンドゥー教
建造時代	1575年
巡礼時期	10月〜2月(夏は非常に暑く冬は寒さが厳しい)

イラーハーバードはプラヤーグの名でも知られ、インド北部のウッタルプラデーシュ州にあるヒンドゥー教の聖都だ。クンブメーラ巡礼(ヒンドゥー教の川への大巡礼。少なくとも1400年前から行われている)における4大聖地でも最も重要な場所とされ、祭が行われる年は7500万人もの巡礼者が訪れる。

ヒンドゥー教聖典によると、ブラーフマンがブラフマーに創世を命じた時、ブラフマーはプラヤーグの地を選んだ。3つの聖なる川、ガンジスとヤムナー、地下を流れるというサラスヴァティーの合流地点だったためである。創世時に川の合流地点で霊薬が数滴落ち、その水に霊力が備わったといわれる。

1575年、ムガール帝国のアクバル皇帝が古代都市アグラの跡地に作られたプラヤーグを征服し、ガンジス川との合流地点にほど近いヤムナー川の岸に背の高い塔を備えた頑丈な砦を作っ

た。砦の中にはシヴァを祭るパタルプリという地下神殿が造られた。ここには不死の木といわれるアクシャヤヴァート(バンヤンノキ)も生えている。また砦内にはアショカ王の石柱も立っている。これは砂岩を磨いたもので高さは11m近くあり、2000年以上昔に作られたといわれる。

砦から少し行くとサラスヴァティーガートがあり、巡礼者が聖なる水で沐浴をしている。さらにもう少し離れた所にはやはりシヴァ神を祭るマンカメシュワール寺院が建てられている。なお一層興味をそそられるのは小さいながらも人通りが絶えないハヌマーン寺院で、ガンジス川とヤムナー川の合流地点側にあり、非ヒンドゥー教徒でも自由に入れる。ハヌマーンはラーマ神に仕える賢い猿神で、この寺院には横たわった姿勢の大きなハヌマーン像が安置されている。北部インドのハヌマーン像は立像が普通なので、横になった像は他の寺院では見られない。毎年ガンジス川が氾濫すると水が寺院まで届いて眠っているハヌマーンの足を濡らし、ハヌマーンが目覚めると水が引くのだという。

ヤムナー川の岸にアクバル皇帝が建てた荘重な砦の下にボートで集まっている巡礼者。

ケダルナート寺院

場所	インド、ウッタラーカンド州
精神的伝統	ヒンドゥー教
関係する神	シヴァ
建造時代	8世紀
巡礼路	ケダルナートへの巡礼はゴーリクンドから14km上り坂を歩いて行く
巡礼時期	厳寒地なので4月～10月に限って可能

ケダルナート寺院はインド北部、ウッタラーカンド州のケダルナートにある。ヒマラヤ山脈に連なる高地に位置し、マンダキニ川にもほど近い。シヴァを崇拝するヒンドゥー教徒にとっては至聖の巡礼地である。

ヒンドゥー教に伝わる話によるとパーンダヴァの5人兄弟の王子――マハーバーラタにその生涯が描かれている――が王国と財産を捨ててヒマラヤにシヴァ神へ祈りを捧げにきた。ある所まで来ると水牛に姿を変えたシヴァがいた。シヴァは兄弟を追いかけ、ケダルナートまでの道を走り通すと不意に地面にもぐりこもうとした。しかしその姿が消え失せる直前に兄弟の1人が水牛の尻尾をつかんだ。すると突き出した下半身が石のシヴァリンガムとなり、兄弟はその場でひれ伏した。彼らの深い信仰心に喜んだシヴァは望みをかなえようと告げた。兄弟は地元の人々がシヴァに祈りを捧げていつも幸せでいられるようケダルナートに留まってほしいと願った。シヴァはこれを聞き入れ、石のシヴァリンガム――“シヴァの印”を意味する――は今もケダルナートの寺院で崇められているのだという。

現在の寺院は極めて重要なアドヴァイタ哲学者（ブラフマン〈梵〉とアートマン〈我〉は同一だとする不二一元論者）だった初代シャンカラが8世紀に建てたとされるが、真実は定かではない。寺院は大きな花崗岩の板を建材に作られており、一番大きな広間にはヒンドゥーの神々の像が置かれ、奥の聖所には偉大なるシヴァリンガムが安置されている。

ゴーリクンド町から寺院までの巡礼路は厳しい山道で、ヒマラヤ山脈高地ともなると非常に寒く夏期しか通れない。ちなみにゴーリクンドという名はシヴァの妻ガウリーに由来し、町にはガウリーを祭る見事な寺院や、巡礼者が沐浴できる心地よい温泉もある。山道を登れない年配の巡礼者はポニーの背に乗って巡礼することも可能だ。

崇敬される石のシヴァリンガムが安置されるケダルナート寺院。ヒンドゥー教巡礼者が入っていく。

イマーム・アリのモスク

場所	イラク、ナジャフ
精神的伝統	イスラム教シーア派
関係する神	イマーム・アリ
建造時代	977年
巡礼時期	近年イラクで起きた戦争により ナジャフ渡航は極めて困難かつ危険

ナジャフはイラク南部、バグダッドの南方150km程の所に位置するイスラム教の聖都だ。イスラム教シーア派の創設者イマーム・アリが眠る場所であり、シーア派巡礼者にとってはメッカとメディナに次いで世界で3番目に重要な地だ。

預言者ムハンマドが632年に死去した直後、イスラム教徒はスンニ派とシーア派に分裂した。スンニ派は新たな指導者を選挙で選ぶべきと考え、シーア派はムハンマド一族の1人を指導者にすべきと主張した。両派は対立し、イマーム・アリ――ムハンマドの従兄弟にして義理の息子――がシーア派の新たな指導者となった。続いて勃発した戦いでアリは661年にナジャフ県で殉教する。そして791年、村があったその地に都市ナジャフが開かれた。

アリの墓は750年にナジャフで発見されたといわれ、すぐにシーア派の重要な巡礼地となり、主要なモスクが次々と建造されていく。1500年頃には現在のモスクが建設された。

イマーム・アリのモスクは壮麗極まりない廟で、大きなドームとそびえるミナレットにはきらめく無数の黄金のタイルが惜しげもなく貼られ、砂漠の熱い太陽の下でまばゆく輝いている。内部はアーチ形の天井で、いくつもの小さなライトがともされている。その光は美しい壁を贅沢に飾るたたき仕上げの銀板に反射して目がくらみそうだ。

イスラム教シーア派の信者は死者が出ると遺体をアリの墓へ運ぶことが多い。家族が柩を持ってクリプトを回り、モスク北のワディ・アズ・サラーム墓地に埋葬する。ここはおそらく世界で最も広い埋葬地だろう。アダムとノアの遺体も埋葬されているといわれる。

祈りを唱えるためにイマーム・アリの黄金のモスクへ入っていくイスラム教シーア派の巡礼者。

クリシュナとラーダーに敬意を示すために寺院を訪れるヒンドゥー教巡礼者。

ヴリンダヴァン

場所	インド、ウッタルプラデーシュ州
精神的伝統	ヒンドゥー教
関係する神	クリシュナ、ラーダー
建造時代	紀元前3228年
巡礼時期	通年。主な巡礼は8月か9月に行われる

ヴリンダヴァンはウッタルプラデーシュ州のマトゥラーにある聖都だ。数多くの寺院や聖堂を擁し、何千年もの昔からクリシュナとラーダー崇拝の中心地だった。現在はインドの最も重要なクリシュナ巡礼地である。

ヒンドゥー教の伝説によると5000年以上前にクリシュナ神がヴリンダヴァンの森で誕生。彼は陽気ないたずら好きの若者に育ちバターを盗んだり近隣の若い女性と踊ったりしていた。その中に美しいラーダラーニ(ラーダー)もいて、後に彼女はクリシュナに帰依して恋人となる。ラーダー崇拝者にとって、神へ直接たどり着く道を示す彼女はクリシュナよりも重要な至高の女神だ。

現在ヴリンダヴァンにあるシュリ・ラーダー・ラス・バイハーリ・アシュタ・サキー寺にはラーダーの帰依者が押し寄せる。これは何百年も前に建てられたもので、クリシュナとラーダー、そしてラーダーの8人の仲間であるアシュタ・サキーに捧げられた最初の聖堂だ。アシュタ・サキーはクリシュナとラーダーが愛を交わすのに重要な役割を果たす。伝説では、クリシュナはラーダーと神聖な愛の舞踊ラサ・リラを行うために実際にこの寺院を訪れ、参拝者は夜ごとに8人の女性たちが踊りながらアンクレットを鳴らす音を聞いたという。この舞踊はヴリンダヴァンの多くの寺院で再演されており、クリシュナは13歳の少年が演じる。最後に女性らが少年の足元に花輪を置く時、少年はクリシュナそのものになるといわれる。ヴリンダヴァンで巡礼される聖堂は他にも、バンケビハリ寺院、ラングナタジ寺院、シュリ・クリシュナ・バララム寺院、ラダラマン寺院などがあげられ、クリシュナの誕生日にちなんで催されるジャンマシュタミ祭の期間中はこれらの寺院にも巡礼者が数多く訪れる。

バドリナート

場所	インド、ウッタラーカンド州
精神的伝統	ヒンドゥー教
関係する神	ヴィシュヌ
建造時代	16世紀
巡礼時期	4月後半～11月初旬

バドリナート寺院はインドのヒマラヤ山岳地帯、アラクナンダー川岸に位置する町バドリナートにある。祭神はヒンドゥー神ヴィシュヌで、重要なチャール・ダームにおける主要な巡礼地だ。インドでもここのような高地になると気候が厳しく、1年のうち6ヵ月しか開かれていない。

現在の寺院は16世紀に建築されたものだが、バドリナートは少なくとも9世紀から巡礼の地であり、古代のヴェーダ聖典にもこの町の名が登場する。寺院は高さ約15m、黄金で彩られた美しい頂塔を頂く。周辺の他のヒンドゥー教寺院とは違いバドリナート寺は目にも鮮やかな大胆な色彩で塗られているため、かつては仏教寺だったのではないかと思う人もいるようだ。

幅広い石階段を昇っていくとメインの入り口があり、中に入ると柱で支えられ手のこんだ装飾が施された広間に出る。さらに奥にはナツメの木陰で瞑想するヴィシュヌ神の黒い石像が安置された主聖堂がある。これはバドリナートでも最も重要な神像で、人間の手で彫られたものではなく創造神自らがあらしめたと信じるヒンドゥー教徒も多い。像は9世紀にアラクナンダー川近くでアディ・シャンカラが発見したといわれる。シャンカラは像を納めるためにタプトクンド温泉近くの洞窟に聖堂を作った。温泉は今も寺院のすぐ近くに湧いている。16世紀に像は寺院に移され、11月に閉院する際はジョシマートという街に運ばれて保管される。

バドリナートにはラクシュミー（ヴィシュヌの妻）やガルーダ、象頭のガネーシャなど他にも多くの神像がある。巡礼者は寺院に入る前に禊ぎとして温泉で沐浴するのが普通だ。

金色と鮮やかな色で彩られているバドリナート寺院。

マドゥライ寺院

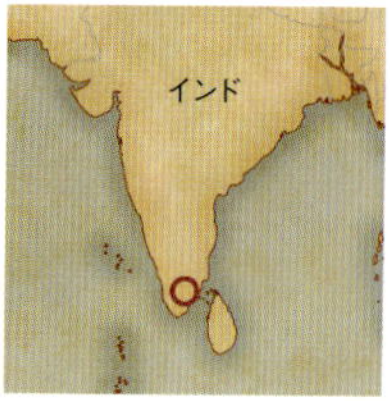

場所	インド、タミルナドゥ州
精神的伝統	ヒンドゥー教
関係する神	シヴァ、パールヴァティ
建造時代	紀元前500年
巡礼時期	通年

マドゥライはインド南部のタミル州にあるヴァイハイ川河岸に位置する都市で、“寺院の都市”として広く知られる。ヒンドゥー教の素晴らしい寺院や聖堂を数多く擁し、数千年もの昔から祭祀が催され巡礼が行われている。

ヒンドゥー教の伝説によればクラーシェカラ王——かつて栄えたパーンディヤ朝の統治者——がシヴァ神を祭る聖堂を作り、そこを囲むように蓮の花形の都市を建造したという。王が新たな都市の名を考えている時にシヴァが現れ、自らの髪から注いだマドゥ（サンスクリット語で“蜜”の意）で都市を浸して祝福した。ここからいたる所に茂るジャスミンの甘い香りで有名だったこの聖都の名はマドゥライとなった。

クラーシェカラ王が建てた寺院は現在のマドゥライの中心でもある巨大な寺院群、ミーナークシ・スンダレーシュワラ寺となった。16世紀と17世紀に大規模な増築と改築が行われ、主要な2つの聖堂を囲むように巨大な4つの門ができた。大きな聖堂ではスンダレーシュワラの姿を取ったシヴァが奉じられ、小さい方の聖堂ではシヴァの妻パールヴァティが魚の目を持つミーナークシとして祭られている。シヴァ神殿の正面には手のこんだ装飾を施されたプードゥマンダパムがあり、数多くのシヴァ化身像が彫りこまれたその姿は何とも陽気な雰囲気だ。パールヴァティの聖堂には12の塔が立ち、その1つは70mもの高さがあってヒンドゥー教神話の登場人物が所狭しと飾られている。聖堂の中にはシャクティ神（パールヴァティに体現される神聖な女性原理）像が8体安置されている。1年に1度、シヴァとシャクティの信者は寺院で催されるブラーモサヴァム祭にやってくる。

ミーナークシ・スンダレーシュワラ寺院群は巨大な石門を備えている。

ヴァイシュノー・デーヴィ寺院

場所	インド、ジャム・カシミール州
精神的伝統	ヒンドゥー教
関係する神	マ・ヴァイシュノー・デーヴィ（シャクティ）
建造時代	紀元前2000年
巡礼距離	12km
巡礼時期	通年。ただし雪のため冬期はアクセスが難しい

ヴァイシュノー・デーヴィ寺院は石窟寺院で、インド北部ジャム・カシミール州のカトラという町からほど近い高地に位置する。偉大な母神マ・ヴァイシュノー・デーヴィを祭るユニークなこの寺院には毎年何百万というヒンドゥー教巡礼者が訪れる。

ヒンドゥー教に伝わる話によるとマ・ヴァイシュノー・デーヴィは人間を両親として生まれトリクータと名づけられたという。9歳になると父親からヴィシュヌ神の化身であるラーマに祈ることを許された。ラーマがトリクータの苦行を認めた際にトリクータは自らを妻にしてほしいと願った。ラーマはこの願いを受け入れようとしたが、妻のシータを裏切らないことを誓っていた。そこでカリユーガ（世界がたどっていく4時代の1つ）にカルキとして生まれかわってトリクータを結婚すると告げた。トリクータは洞窟にこもり、ラーマヤーナに描かれているようにラーマがラーヴァナに勝つよう祈り瞑想し続けた。これに感謝したラーマは全世界がマ・ヴァイシュノー・デーヴィ（シャクティ）としてトリクータを崇敬し、不死になるようはからった。

ある重要な神話にはこんなエピソードも載っている。バイラーヴが祈っている彼女を殺そうとして瞑想を妨げたことがあった。彼女はマハーカーリーの姿となってバイラーヴの首をはね、同時にその罪を許した。バイラーヴの首は彼女が暮らす洞窟の近く、現在バイラーヴ・ガティと呼ばれる場所に落ちた。そしてマ・ヴァイシュノーはこう宣言した。救いを求める巡礼者は全てここに詣で、彼女の洞窟でダルシャン（聖人を見て奉ずること）を行わねばならない、と。そして瞑想を完遂するため3つの頭を持つ岩となり、以来そのままの姿でいるのだという。

現在巡礼するにはカトラから長い道のりを歩き、さらに山を登らねばならない。洞窟の入り口までたどりつくと、そこには水が流れている狭いトンネルがある。冷たい水の流れを渡って洞穴に入ると、マ・ヴァイシュノー・デーヴィを表す3つの頭がある石が安置されている。帰りはバイラーヴに敬意を表するために別の道を行く。

ヴァイシュノー・デーヴィ寺院は石窟寺院で、山の中の長い道を歩いて行く。

ブッダガヤ

場所	インド、ビハール州
精神的伝統	仏教
関係する神	ゴータマ・ブッダ
建造時代	紀元前3世紀
巡礼時期	12月〜3月までの涼しい時期がベスト

ブッダガヤはインド東部のビハール州にある聖都で、仏陀が悟りを得た場所として世界的に有名だ。そのため世界でも指折りの仏教巡礼地となっている。

仏教に伝わる話によると、紀元前6世紀にゴータマ・シッダールタ王子が修行仲間を残し、成道を求めてセーナ村にやってきた。そこで彼は菩提樹の木の下に座り、悟りを得るまでは動かないと決心した。何日もまたは数週間も座り続けた後、シッダールタ王子は仏陀として立ち上がった。

仏陀が悟りを得た250年後、アショカ王がセーナ村を訪れてボーディマンダ・ヴィハーラを建てた。これは現在の大菩提寺の前身で、ブッダガヤの中心的な仏教巡礼地となっている。

現在の大菩提寺は5世紀中またはそれ以前に初期の寺を建てかえた、または増築したものだ。主要な堂は煉瓦を重ね複雑な彫刻を施した先細りの巨大な塔で、約15m四方の土台の上に立っており、4つの壮麗な塔を従えている。この寺院は高さが50m以上にもなる。内部には、東を向いて地面に触れる姿勢の巨大な仏陀像が安置されている。これは菩提樹の下で悟りを開いたことを示すものだ。

大菩提寺の裏、保護用の柵の中にスリーマハ菩提樹と呼ばれる古代の菩提樹が根を張っている。この木は仏陀が悟りを開いた時に座っていた木から取った苗を育てたものだといわれる。菩提樹（インドボダイジュ）はイチジクの1種でハート形の葉を持ち、3000年以上の寿命があるという。

ブッダガヤの大菩提寺に集まる仏教巡礼者。

生誕教会

場所	ヨルダン川西岸地区、ベツレヘム
精神的伝統	キリスト教、イスラム教
建造時代	339年
巡礼時期	通年。ただし特にクリスマスに来る人が多い

生誕教会はベツレヘム、キリストが誕生したまさにその地に建てられたといわれる。利用され続けている教会では世界でも最古の1つで、キリスト教徒とイスラム教徒の両方にとっての聖地だ。

339年、コンスタンティヌス皇帝がキリストが生まれたという洞窟の上、現在の場所に教会を献じた。現在“生誕の洞窟”と呼ばれる洞窟の中を直接のぞけるように、この教会の床には大きな穴が開いていた。このタイル床は今も残っている。527～565年、ビザンチン帝国ユスティニアヌス皇帝は古い教会の柱を数多く用い、8角形の洗礼盤を加え、はるかに大きな教会を同地に建て直した。この時の洗礼盤は今なお見ることができる。

614年に侵攻してきたペルシアも、そ

の芸術性に心を動かされたか教会を破壊することはなかった。1009年にはハーキム(Hakim bi-Amr Allah)がキリスト教の記念建造物を全て破壊するよう命じたが、やはり生誕教会は難を逃れた。400年近く南の袖廊で礼拝を続けてきた地元のイスラム教徒が教会を守ったのである。

1009年、第1回十字軍がエルサレムを奪還し、翌年のクリスマスに生誕教会でボードアン1世がエルサレムの初代国王に任じられた。50年後、フランス十字軍とビザンチン軍が協力して教会内部を一新した。美しいモザイク壁などその際の成果は今も数多く残っている。しかし残念ながらやはりこの時に使われた大理石はオスマン帝国時代に略奪され、エルサレムのテンプルマウント(参照→p.242〜245)の造作に利用された。

19世紀半ば、最初は地震によって、次は火事によって洞窟は深刻なダメージを受けた。しかしまるでこの至聖の地を見守る神の手が働いたように、この時も生誕教会は無事だった。現在、生誕の洞窟はギリシア正教会が管理している。

生誕教会はキリストが誕生したという洞窟の上に建てられている。

ダクシネーシュワル・カーリー寺院

場所	インド、西ベンガル州
精神的伝統	ヒンドゥー教
関係する神	カーリー、シヴァ
建造時代	1855年
巡礼時期	通年

ダクシネーシュワル・カーリー寺院は19世紀に西ベンガル州に建てられ、ヒンドゥー教で最も神聖視されるガンジス川の河岸に位置する。偉大な女神にして神聖な母、カーリーが鎮座する寺院として崇敬され、毎年何百万人もの巡礼者が訪れるインドでも至聖の地だ。

ダクシネーシュワル・カーリー寺院の2層になった屋根からは、白く輝く大理石製の見事な小塔が9つ伸びている。うち4つは1層目の隅から、さらに4つは2層目の隅から立ち上がり、そして大きなドーム形小塔は中央から伸びて堂々たる佇まいだ。主寺院の裏にはカーリーの夫であるシヴァを祭る2層構造のやや小さい寺院が12堂ある。この複合寺院にはヴィシュヌの寺院もあり、クリシュナと妻のラーダーの像が安置されている。

またダクシネーシュワル・カーリー寺院はラーニー・ラーシュマニーという未亡人が出資して建立された。1847年、カーリーへの信仰心を示すべくヴァラナシ（参照→p.284～287）に巡礼しようと

考えていたラーニーの夢の中にカーリーが現れた。カーリーはガンジス川のほとりに寺院を建てて自分の像を安置すれば、そこへ参拝に来た巡礼者の前に姿を現すと約束した。ラーニーは旅行を取りやめて土地を買い、しかるべき寺院を建てるため建築家を雇った。すぐに作業は始まり、完成間近になった頃、玄武岩でカーリーの美しい像を作るべく芸術家が雇われた。そして1855年にカーリー像が安置され、神殿も聖別された。

1856年にシュリ・ラーマクリシュナ・パラマハンサが寺院の僧となったが、その結末は劇的なものだった。カーリー像の前で長時間祈った後、彼はマハバーヴァ——神に対する法悦状態——が続いて通常の生活が送れなくなった。ラーマクリシュナは任を解かれてしまうが、その後も寺院に住んで信仰生活を続けた。そして次第にシヴァやカーリー、クリシュナ、キリスト、ムハンマドと完全に合一するようになったという。

ダクシネーシュワル・カーリー寺院は小さ目のシヴァ寺院に囲まれている。

アーヘン大聖堂

場所	ドイツ、アーヘン
精神的伝統	キリスト教
建造時代	792年
巡礼時期	通年

アーヘン大聖堂はドイツのノルトライン=ウェストファーレン州にある都市アーヘンに位置するカトリック教会だ。北ヨーロッパで現存する最古の聖堂でもある。中世時代は“アーヘンの聖マリア・ロイヤルチャーチ(Royal Church of St Mary at Aachen)”と呼ばれ、近年では“皇帝の大聖堂”と呼ばれていた。キリスト教の大巡礼地である。

アーヘン大聖堂は792年にカール大帝の命によって宮殿教会が建築されたのが始まりだ。以来、大聖堂は30人の皇帝と12人の女王の戴冠式が行われるなどドイツにおける重要な役割を担っている。814年にカール大帝が亡くなった際、礼拝堂下の埋葬室に安置された。遺体は王座に座り膝の上に開かれた福音書が置かれ、手には笏を持ち、王冠を被っていたという。その王座は今も大聖堂で公開されている。

1215年、尊敬されてやまないカール大帝の遺骨を納めるため、フリードリヒ2世が礼拝堂に素晴らしい黄金の棺を作った。12世紀初期、聖歌隊席に聖母マリア聖堂が増築された。聖母マリア聖堂には十二使徒とカール大帝、教皇レオ3世の絵が飾られている。そして14世紀、増え続ける会衆を収容するために広い内陣が作られた。

カール大帝は生涯をかけて聖遺物を集め、その多くが現在も聖母マリア聖堂に保管されている。取り分け重要なのは赤子イエスのおくるみ、磔刑にあったイエスがつけていた腰巻き、聖母マリアの外套、そして斬首されたバプテスマのヨハネの頭が置かれたという布である。1000年以上に渡り、世界中から巡礼者がこれらの聖遺物を参拝しに訪れている。

アーヘン大聖堂にはキリスト教にとって神聖極まりない遺物が保管されている。

トリーア大聖堂と聖マティアス修道院付属教会

場所	ドイツ、トリーア
精神的伝統	キリスト教
関係する神	聖ペテロ、聖マティアス（マッテヤ）
建造時代	326年
巡礼時期	通年。ただし聖衣祭は4月28日、聖マティアスの祝日は5月14日

トリーアはドイツのルクセンブルグとの国境近く、モーゼル川の河岸に位置する。壮麗なトリーア大聖堂――ドイツ最古の教会といわれる――と“使徒の墓”がある聖マティアス修道院付属教会を擁する。

326年、ローマ皇帝コンスタンティヌスが在位20年を祝うため聖ペテロを祭る巨大な聖堂を建てた。その一部は今も残っている。その後すぐにコンスタンティヌスの母親ヘレナがキリストが磔刑の際に身につけていた聖衣を教会に寄付したという。ただし12世紀以前のこのできごとについて記録は残っていない。

1512年に主祭壇の下の部分の発掘が行われ、奇跡的にも聖衣とキリストを刑に処する時に打ちこまれた釘が発見された。聖衣は晴れがましく公開され、23日間に10万人以上の巡礼者が訪れた。以来、時々（通常は1度に数週間ほど）教会前の広場に集まった膨大な群衆に公開される。最後に公開されたのは1933年で、200万人以上がトリーアを訪れた。次の聖衣公開は未定である。

聖マティアス教会はキリストの復活を目撃しイスカリオテのユダの代わりに使徒となったマティアスを祭った美しい建物だ。伝えられる所によるとマティアスはトルコで殉教し、亡骸はエルサレムに納められていた。これをヘレナがヨーロッパへ持ち帰らせ、トリーアの聖マティアス教会とローマのサンタ・マリア・マッジョーレ大聖堂とで共有したという。882年に聖マティアス教会は破壊されてしまうが、12世紀に再建された。使徒の墓に参拝するために今なお多くの巡礼者が教会を訪れる。

何百万人ものキリスト教巡礼者が聖衣——キリストが磔刑時に身につけていたという衣服——を見るためにトリーア大聖堂を訪れた。

聖血礼拝堂

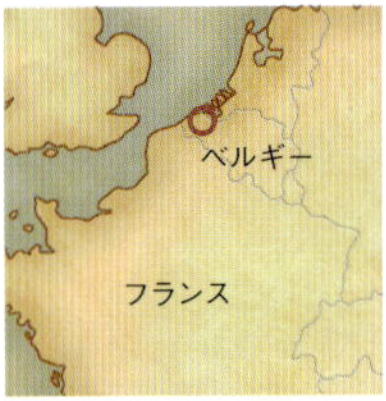

場所	ベルギー、ブリュージュ
精神的伝統	キリスト教
関係する聖人	聖大バシレイオス
建造時代	1134〜1157年
巡礼時期	通年。ただし聖血行進は毎年の昇天日に行われる

聖血礼拝堂はベルギーのブリュージュにある12世紀の美しい教会だ。元々フランドル伯の住居だったこの小さなバシリカは世界で最も神聖なキリスト教の遺物、すなわち聖血が入った小瓶が保管されていることで世界中に知れ渡っている。また4世紀の崇敬されていた司教で、ヨーロッパにキリスト教をもたらした功労者である聖大バシレイオスの遺物も保管されている。

1134年、敬虔なカトリック信者であるアルザスのティエリーは、自分が礼拝を行う目的でブリュージュ広場に礼拝堂が2つあるロマネスク様式の建物を建てることにした。1147年ティエリーは聖地へ赴く第2回十字軍に加わるため義理の兄弟のボールドウィンと合流する。伝説によると彼はイエス・キリストの血に浸した布の入った小瓶を持って1150年に帰還したという。小瓶は十字架から降ろされたキリストの体を引き取ったとマタイ伝に記されているアリマタヤのヨセフのもとに保管されていた。1310年、教皇クレメンス5世が小瓶を見に来た者全てに公開するよう法令を出し、聖血礼拝堂はカトリック信仰の重要な巡礼地となった。

神聖な聖血の小瓶。アリマタヤのヨセフが保管していたキリスト本人の血液が入っているという。

聖血が安置されている上階の礼拝堂は15世紀の終わり頃にゴシック様式に改装され、19世紀初期に再度改築された。当初の構造で現在残っているのは付属礼拝堂へ続くカーブしたアーチだけだ。一方、聖大バシレイオスが祭られている下階のほの暗い礼拝堂はほとんど変わっていない。ベルギーではロマネスク様式の精髄が変わらず保たれている指折りの建築物だとされる。

伝えられる所によればフランドル伯ロベール2世――後に“エルサレムのロベール”として知られるようになる――が1095～1099にかけての第1回十字軍後、ブルージュに聖大バシレイオスの遺物を持ち帰ったといわれる。これは下階の礼拝堂に納められ、以来世界中から巡礼者が訪れている。

カンタベリー大聖堂

場所	イングランド、ケント州
精神的伝統	キリスト教
関係する聖人	聖トマス・ベケット
建造時代	602年
巡礼時期	通年

カンタベリー大聖堂はイングランド南部ケント州のカンタベリーにある壮麗なキリスト教教会だ。世界的な英国国教会派の指導者と見なされているカンタベリー大主教の主教座でもある。

597年、教皇グレゴリウス1世がイングランドにキリスト教を布教すべく、使者としてローマの聖アウグスティヌス(ヒッポの聖アウグスティヌスではない)を派遣した。彼はイングランド王をキリスト教に改宗させ、602年にカンタベリー大聖堂を建造して初代大主教となった。以来、カンタベリー大聖堂は再建と増築をくり返している。

1066年フランスがイングランドを征服し、1070年にはランフランクスがノルマン人として最初の大主教になった。彼は損壊はなはだしかった聖堂を、自分が所属していたカーンの古い修道院風にすっかり建て直した。そして1170年、ヘンリー2世は当時の大主教トマス・ベケットに激怒し、騎士を4人送りこんで聖堂の袖廊でベケットを暗殺した。ベケットは教皇アレクサンデル3世によって列聖され、ジェフリー・チョーサーの『カンタベリー物語』に記されているようにカンタベリーは重要な巡礼地となった。1174年の火事で深刻なダメージを受け、聖堂の大半が建て直されることになる。この時フランスの建築家であるサンスのウィリアムが東端にフライングバットレスのついた美しい内陣、背の高いアーチとリブヴォールトをデザインした。これらは今もその姿を残している。さらに英国人のウィリアムが彼の後を継ぎ、殉教者聖トマスの聖堂としてトリニティチャペルをつけ加えた。チェページルの端には、聖トマスが惨殺される際に削がれ、大切に保存されていたその頭頂部を納めるコロナの塔が作られた。

英国ゴシック垂直様式で作られた
壮麗な身廊。

ノックの聖母の教会

場所	アイルランド、メーヨー州
精神的伝統	キリスト教
関係する聖人	聖母マリア
建造時代	1879年
巡礼時期	通年

メーヨー州の小さな町、ノックは1879年に世界的に有名になった。教区教会に聖母マリア、夫のヨセフ、福音書記者ヨハネ、イエス・キリストを表す天使に囲まれた神の子羊と神聖な存在が続けて出現したためである。現在ノックの聖母の教会には毎年150万人以上の巡礼者が訪れる。

カトリックに伝わる話と目撃者によると、最初に教会南の破風のあたりで聖人たちを幻視したのはキャヴァナー大執事に仕える中年のハウスキーパーで、後に彼女の友人らがそろって教会の戸締まりをしている際にもその前に聖人が現れた。友人は兄を呼び、兄は家族と近所の人々を呼び、1時間もしないうちに多数の人々（6歳から75歳まで年齢は様々だった）が教会の傍に集まって聖人の姿を幻視した。他にも2人、教会のそばを通りかかった人が聖人の姿を目撃したが、大執事が置いた彫像だと思って特に気にも留めなかった。同日の晩、ある農夫が教会の上にまるで金色のビールの球のように明るく輝く光が見えたといってきた。

あっという間にアイルランド中から巡礼者がノックを訪れ始めた。この状況にカトリック教会が調査を始め、目撃者の話が真実だと確認した。1936年に2回目の調査が行われ、やはり当時存命だった目撃者の話が信頼に足るものだと結論づけられた。1970年代にはひしめく巡礼者を迎えるため教会隣にバシリカが建てられた。1979年には自ら聖母マリア信仰を公にしている教皇ヨハネ・パウロ2世が、1993年にはマザーテレサがノックを訪れた。

ノックの聖母の教会には教皇ヨハネ・パウロ2世とマザーテレサも訪れた。

エフェソス

場所	トルコ、アナトリア
精神的伝統	ギリシャ秘教、ローマ多神教、キリスト教
関係する神／聖人	アルテミス、聖母マリア、使徒ヨハネ、聖パウロ
建造時代	紀元前10世紀
巡礼時期	通年

現在のトルコのセルチュク近くに位置する都市エフェソスは、かつて古代世界の商業と貿易における最も重要な中心地だった。紀元前10世紀に興ったエフェソスはギリシャとローマの比類ない遺跡を擁するが、イエスの母親マリアが人生の最後を過ごした所、そしてヨハネが福音書を記した地と信じるキリスト教徒の主要な巡礼地でもある。

エフェソスはまずアルテミス神殿（紀元前550年）によって有名になった。アルテミス神殿は古代世界で最大かつ最も神聖視されていた建築物だといわれる。伝説によると地元の川の神ケイストラスの息子であるエフェソスがもう1人の神クレサスと協力して神殿を建てたという。かつて威容を誇ったはずの神殿も現在は1本の柱が湿地からそそり立っているだけだが、1世紀と2世紀にローマ人によって作られた見事なアルテミス（多くの乳房を持つ豊饒神）像が残っている。この像の他にも、古代ギリシャ及びローマ時代の工芸品がエフェソス博物館に収蔵されている。

長期に渡る占領と解放の後、紀元前2世紀にエフェソスはローマの支配下に入った。ローマ皇帝アウグストゥスが紀元前27年にエフェソスをアジアの首府と定めると、エフェソスは急速な発展を遂げる。ハドリアヌスの大神殿、巨大な野外劇場、壮麗なファサードを持つケルスス図書館などが建築され、いずれも今に至るまで賞賛を浴びている。

33年のキリスト復活直後、母のマリアは使徒ヨハネに連れられてエフェソスに来たとされる。またヨハネはエフェソス滞在中に新約聖書の福音書を記したということになっている。6世紀に古い住居の上に建てられた礼拝堂はマリアの住まいを示し、また聖ヨハネのバシリカにはヨハネの遺骸が安置されているともいわれる。53～54年にかけて使徒パウロがエフェソスに住み、“コリントの信徒への手紙一”をしたためたと伝えられている。パウロは62年にローマの監獄から著名な“エフェソの信徒への手紙”を記している。

ハドリアヌス神殿(130年頃)の入り口。
4本のコリント式柱で支えられている。

ヴァラナシ

場所	ウッタルプラデーシュ
精神的伝統	ヒンドゥー教、仏教、ジャイナ教
関係する神	シヴァ
建造時代	紀元前3000年、もしくはそれ以前
巡礼時期	通年。ただし夏期は非常に暑い

ヴァラナシはベナレスの名でも知られ、インド北部ウッタルプラデーシュ州のガンジス川西岸に位置する。ヒンドゥー教の都市では世界で最も神聖視され、宗派を問わず敬われている。リグヴェーダ、プラーナ聖典、ラーマヤーナ、マハーバーラタなど数多くのヒンドゥー教文献に登場し、5000年以上の歴史があることがうかがえる。ブッダが最初の説法を行ったとされるサールナート（参照→p.238～239）からちょうど12kmの距離にあり、仏教徒にとっても神聖な都市だ。美しい仏塔も多数建っている。ジャイナ教でもヴァラナシを神聖視している。23代目ティールタンカラであるパールシヴァナータの生誕地だからだ。ヴァラナシには毎年100万人以上の巡礼者が訪れ、多くのグル・聖人・哲学者・芸術家・詩人が活動しており、今なお変わらずインドでも最も重要な文化的中枢である。

ガンジス川はヒンドゥー教における至聖の川でヴァラナシの信仰生活の中心的存在だ。ヒンドゥー教信者はガンジスで水浴すれば転生というカルマのサイクルから早く抜け出すことができると信じており、ここから西岸沿いに多くの大寺院やガート（水場へ下りていくための階段）が作られた。川沿いにある寺院の中でも群を抜いて重要なのがヴィシュワナート寺院だ。美しい黄金の尖塔を持つこの見事な寺院はインドに12あるジョーティル・リンガ寺院でも一番神聖視されている。ジョーティル・リン

ヒンドゥー教信者は聖なるガンジス川で水浴すると輪廻転生から早く抜けだせると信じている。

ガ寺院とは、スピリチュアル的に高度なレベルに到達したヒンドゥー教教徒ならば地面を貫いて空へと伸びる炎の柱が見えるという地である。ヒンドゥー教教徒は宗派を問わず、できれば生涯の内1度はここに巡礼してシヴァ神に敬意を表し、ガンジス川で水浴することが求められている。場合によっては愛する者の遺体を半分火葬にしてガンジス川に流す者もいる。川に流すのはカルマからの解放を願うためだが、巡礼者が見守る中遺体が下流へ流れていく光景も見られる。最近川の汚染が問題視され、この習慣を止めさせるためインド政府が河岸のガートでの火葬を禁じた。

寺院近くには、毎晩ヒンドゥー教僧侶がシヴァ神に捧げるアグニプージャという火の儀式を行う、見事なダシャーシュワメード・ガートがある。このガートはヴァラナシにシヴァを迎えるためにブラフマー神が作ったといわれる。あるヒンドゥー教神話には、はるか昔ブラフマー神がこの地で10頭の馬を儀式として捧げたと記されている。

西岸沿いにはマニカルニカ・ガートもある。ここではヒンドゥー教巡礼者が1日中絶えることなく集い、日没後は信仰儀式に参加している。ヒンドゥー教の神話によるとシヴァの妻パールヴァティは、シヴァが帰依者とあまりに多くの時間を過ごすので不満を抱いていた。そこで自分のイヤリングを隠してガンジス川の岸でなくしたと嘘をいった。あわよくばずっとイヤリングを探しつづけて自分と一緒にいてくれればと願ったのだった。パールヴァティのもくろみに引っかかってしまったシヴァはいつもマニカルニカ・ガートでなくなったイヤリングを探しており、火葬が行われる度にイヤリングを見なかったかどうか参列者にたずねるという。またこんな神話もある。シヴァの妻がヴィシュヌ神のスダーシャナチャクラ――空中で回転する鋭い円盤――で八つ裂きにされてしまい、そのイヤリングが水中に落ちた。彼女の帰依者は彼女を祭るため、河岸に大きなドームを頂くヴィシャラクシ寺院を建てた。この寺院は巡礼者と旅行者の両方にとってヴァラナシ訪問のハイライトの1つでもある。

猿がたくさんいるため地元では"モンキーテンプル"と呼ばれるドゥルガー寺院もヒンドゥー教信者に人気だ。シャクティが顕現したドゥルガー女神の有名な像が安置されている。旅行客が入れるのは中庭までで、中の聖所に足を踏み入れられるのはヒンドゥー教巡礼者に限られる。

聖なる川ガンジスの河岸には多くのゴートがあり、巡礼者はそこで沐浴する。

करपात्री
केदार घाट

寺院・教会・大聖堂

バガン寺院

場所	ミャンマー、マンダレー管区
精神的伝統	小乗仏教
建造時代	1057～1287年
観光時期	通年。ミャンマーは入国困難と思われるが、強い意志を持って訪れた人は例外なくその甲斐があったと感じる

バガンの寺院遺跡は世界でも特筆すべき荘厳な聖地だ。遠くの丘からはるばる眺めると、ほこりっぽい平地の中に何千という寺院や聖堂が建ち並び、41km²を越える広さを占めている。

バガン朝が成立したのは2世紀だが、盛んに寺院群が建築され始めたのは1057年、小乗仏教に改宗したアノーヤター王がバガンを占領して従えてからだ。続く100年間に1万3000以上の寺院とパゴダが作られた。ただしこの内今なお往時の姿を留めているのはわずかだ。

バガンの黄金時代は1287年、フビライ・ハーン軍による侵略によってピリオドが打たれる。以来、くり返される戦争と自然災害によって多くの寺院が瓦礫に帰し、都市の3分の1がイラワジ川の氾濫によって流されてしまった。しかし、それでもバガンにはいくつもの見事な寺院が残っている。中でも取り分け状態が良いのがアーナンダ寺院で、1975年の火事の後、1990年にすっかり修復されて黄金色をまとっている。

建造されたのは1091年、まさにモン族による建築の傑作で、一説にはヒマラヤ山脈にあるナンダムーラ洞窟寺院を模したともいわれる。内部は広々として涼しく、北にはカクサンダ、東にはコーナーガマナ、南にはカッサパ、西にはゴータマ――最も最近の応身仏――と、仏陀の聖像が4体安置されている。

またマハーボーディ寺院も素晴らしい。これはインドはビハール州の仏陀が悟りを開いたというブッダガヤ（参照→p.266〜267）の大菩提寺をそっくりそのまま模したものだ。下階には仏陀の座像、上階には立像が安置されている。そして465体の仏陀像が尖塔を飾っている。

手前がマハーボーディ寺院、遠くにはゴードパリン寺院とアーナンダ寺院が見える。

巨大なカリヤンミナレット。1127年に建てられ、ブハラの空を背景に偉容を誇る。

ブハラ

場所	ウズベキスタン、ブハラ州
精神的伝統	イスラム教
建造時代	紀元前500年～紀元1550年
観光時期	通年

ブハラは驚くほど保存状態の良い聖都で、ウズベキスタンのザラフシャン川河岸に位置する。9～10世紀に黄金時代を迎え、世界とまではいかなくても中央アジアにおける知と精神性の中心地となった。この時代、多数のマドラサス――イスラム教の信仰について学ぶ学校――と何百という美しいモスクが建てられ、その多くは今も残っている。

歴史上有名なシルクロード上にあり、はるか昔から貿易商にとって要となる中心地だった。かつてはペルシア帝国の重要な都市でもあり、ブハラ(紀元前500年成立)は何世紀も様々な国に狙われるが、とうとう751年にアラブ勢力によって完全征服される。以来イスラム国が権力を掌握し、続く数世紀の間繁栄を続けた。これにはブハラに住んだスーフィー教の哲学者や詩人、科学者の力が少なからず貢献した。

今日、ブハラの空に映えるのはカリヤン(“大きい”の意)ミナレットだ。1127年に建てられ、こちらを圧倒せんばかりの規模で45m以上の高さがある。先端のすぐ下には大きな回廊があり、そこからムアッジンが大声で礼拝を呼びかける。後にここは“死の塔”と呼ばれるようになる。頻繁に罪人が上から投げ落とされたからだ。

イスマーイール・サーマーニー廟はサーマーン朝の創設者とその近親者の遺骸を納めるため10世紀に作られたものだ。厚さ2mもの壁は複雑なテラコッタ煉瓦で覆われ、中央アジアでは指折りの美しさを誇る記念建造物である。

対照的に、近くのチャシュマアユブ廟はほとんど装飾がされていない。こちらは12世紀に作られ、その美しさはつつましさとシンプルな形にある。ここにはヨブが訪れ、杖で地面を打ったところ泉が湧き出したという話が残っている。この泉は今も水をたたえている。

ロスリン礼拝堂

場所	スコットランド、ロスリン
精神的伝統	キリスト教
関係する聖人	聖マタイ
建造時代	15世紀
観光時期	通年

ロスリン礼拝堂はかつて聖マタイの協同教会と呼ばれていた。エディンバラのスコティッシュシティ近く、ロズリングレンを見下ろす丘の上にある。1446年にケースネス伯爵ウィリアム・セント・クレアによって建てられ、テンプル騎士団と聖杯と結びつけられている。

作られてまもなくはセント・クレア家の家族のためのカトリック礼拝や宗教的な勉強のために利用されたが、1560年のスコットランド宗教改革によってカトリック信仰に終止符が打たれる。ロスリン礼拝堂は閉鎖されそのまま時が経過するが、1861年スコットランド監督派教会によって再開される。現在この壮麗な礼拝堂には旅行客が押し寄せている。複雑な彫刻を見ようと訪れる者もいるが、大半はダン・ブラウンのテンプル騎士団にまつわるベストセラー小説、『ダ・ヴィンチ・コード』に登場したこの教会を一目見るのが目的だ。

ロスリン礼拝堂の一番の特徴は、伝説や歴史上の主な人物像や場面を彫りこんだ石の彫刻で壁面全体が覆われていることだ。最も素晴らしいのは“徒弟の柱”で、キリスト教の生命の樹と古代スカンジナヴィアのイグドラシルが融合した石柱の傑作である。木の根本には北欧神話に登場する地獄を守護する8匹のドラゴン、ニヴルヘイムが巻きつき、樹冠の葉は北欧神話の天国ヴァルハラにまで届くといわれる。

北欧のモチーフに加えユダヤ教及びキリスト教の伝統的なテーマも彫刻されている他、明らかに多神教に付随するテーマ――100体以上にも及ぶ、“グリーンマン”など――も彫りこまれている。このように信仰上のイメージを豊富に持つおかげで、ロスリン礼拝堂はまたとない壮麗な教会になっている。

細かい石の彫刻でくまなく飾られた礼拝堂の壁と柱。

チェンマイの寺院

場所	タイ、チェンマイ郡
精神的伝統	仏教
建造時代	13世紀
観光時期	通年。雨期が終わった後の10月～11月が特にお勧め

チェンマイはタイ北部にある都市で、そびえ立つドーイステープ山を背景にピン川の河岸に位置する。地元では“ワット”と呼ばれる300以上もの仏教寺院群で有名だ。

中でもよく知られる寺院がワット・プラタートドーイステープで、1383年ドーイステープ山の斜面に建造された。ブッダの遺物を運んでいた象が足を止めて円を描き、高らかに鳴いてひざまずき、息絶えたため――最高の吉兆といわれる――この地が選ばれたという。以来、この美しく華麗な寺院は仏教巡礼地として重要視されるようになった。

一方最古の寺院はワット・チェンマンだ。建造時期は13世紀、元々はチェンマイに都を築いたメンラーイ王の住居で、2体の素晴らしい仏陀像が安置されている。大理石製のプラ・シラーと、水晶製のプラ・セータンカマニーである。

ドーイステープ山の麓、チェンマイの西には700年の歴史を持つワット・ウモーンがある。名をそのまま訳すと“トンネルの寺院”になる。人工の大きな山にトンネルを掘り、その中に作られた寺で、美しいチェディ(ストゥーパ)で飾られている。9月の雨期が過ぎると山は豊かな緑のつる植物で覆われ見るだけでも素晴らしい。寺院内にはいくつもある石製トンネルの1つを抜けて入る。トンネルは寺院と同時期、14世紀に作られた。

観光客に人気の寺院はワット・プラシンだ。一見すると普通の寺院だが、本尊として見事なプラシン・ブッダ(“獅子仏”の意)像が安置されている。静かな隠遁地ワット・ラムポーンではタイ人も旅行客も同様に瞑想し、僧と修行者がヴィパッサナー瞑想を行っている。

チェンマイを見下ろす、美しく飾られたワット・プラタートドーイステープ。

ティエンムー寺

場所	ヴェトナム、フエ
精神的伝統	仏教
建造時代	1601年
観光時期	通年

堂々たるティエンムー寺はヴェトナムの古代都市フエにあり、フォーン川を見下ろすハケ丘(Ha Khe)に位置する。強大なグエン朝時に建造された大きなストゥーパは7層構造で、王制ヴェトナムの威厳と栄光を象徴するものだ。見事な像と聖遺物が安置され、また吊り台に下げられている大鐘は遠く離れた所でもその音が聞こえるという。

伝説によると1601年、フエの領主グエン・ホアンが彼の地を歩いているとハケ丘に出た。すると不思議な力を持つ老婦人ティエンムーが現れ、偉大なる主が丘を訪れて人々の幸福のために重要なパゴダを建てるだろうと予言した。ホアンは寺院を建てるよう命を出し、老婦人にちなんで寺院にティエンムーという名をつけた。

7階建てのティエンムー寺には仏教の神聖な宝が数多く納められている。

1695年中国からやって来たティク・ダイサンという高僧がティエンムーに到着して居を定め、サンガ(僧団)を監督して発展させた。翌年ダイサンはフエの領主グエン・フックチュウに“誓願”を伝えてから帰国した。グエン・フックチュウは敬虔な仏教徒にしてパゴダの保護者となる。1710年フックチュウは巨大な鐘を鋳造させて寺に寄付した。1714年さらにフックチュウは資金を提供し、巨大な門と本堂、鐘楼、祀堂、図書館、僧坊を建てた。彼はまた後に聖典を持ち帰らせるべく中国へ僧らを派遣し、年に1回のヴァッサナを行わせた。僧たちは今もヴァッサナを続けている。

1844年、ティエウチ帝によって7層ある巨大な塔が作られた。どの階層にも仏陀の異なる顕現像が祭られているという。僧院は今も利用されている。

少林寺

場所	中国、河南省
精神的伝統	禅宗
関係する神	菩提達磨
建造時代	5世紀
観光時期	通年

少林寺は中国河南省の聖山である嵩山に建つ古代仏教寺院郡だ。昔から少林拳で有名なため世界中から武道家やファンが巡礼に訪れる。

少林寺が創建されたのは5世紀のことだ。この頃インド南部からやって来た苦行僧、菩提達磨が少林寺近くの洞窟に居を定めたという。達磨は洞窟で一言も発さず9年間坐禅を組み、禅を確立した。それから洞窟を出て少林寺に入ったが、そこで見たのは不健康な体の僧たちだった。菩提達磨が動物の動作を学んで真似るよう勧めたところ、僧たちは壮健な肉体を取り戻した。しだいにこの修行は少林拳に発展し重要な護身術となる。僧坊は賊に襲われることが多かったためだ。菩提達磨は死後寺の裏の洞窟に埋葬されたといわれ、今日に至るまでこの洞窟には巡礼者が絶えない。

7世紀、僧たちは少林拳によって後の皇帝、李世民の命を救った。彼はお礼に僧坊を拡大し、訓練ができるよう寺に援助をした。14～15世紀には僧らは戦闘力として認められるようになり、謀反人の鎮圧や侵略の対抗勢力として動員されることもあった。しかし1647年満州人が侵入して寺を破壊し、僧たちを殺してしまう。1800年にようやく寺は再建されたが、1928年軍長の石友三によって再び焼かれるという憂き目に遭った。この時も再建されたが、文化大革命の際に略奪される。それでもなお1980年代に活動が再開された。

少林寺の荘重な塔林。

聖地エレウシス

場所	ギリシャ、サロニコス湾
精神的伝統	古代ギリシャ秘教
関係する神	デメテル、ペルセフォネ
建造時代	紀元前1600年
観光時期	通年

アテネから20km北方に位置するエレウシスは古代ギリシャ世界でも有数の至聖地だった。地母神デメテルとその娘ペルセフォネの信者はエレウシスを訪れて“秘儀”といわれる秘密の祭儀を受けることになっていた。内容は断片的にしか残っていないものの多神教の聖典内にも記されており、その重要性がうかがえる。

儀式そのものについてはほとんど分かっていないが（内容を明かすと死の罰が下るため）、紀元前1600年頃にはもう始まっていて約2000年間続いたようだ。ホメロスの著書によるとデメテルはハデスによって冥界へと連れ去られた娘のペルセフォネを探しているうちにエレウシスにやってきた。ここでデメテルは自分を祭る神殿を建てさせ、そこに閉じこもって一心に娘を思い、ペルセフォネを取り戻すまでは全ての植物が育たないようにしてしまう。この事態にとうとうゼウスも乗り出さざるを得なくなり、ペルセフォネが1年の3分の2を母親と、3分の1をハデスと過ごすことにさせた。こうしてデメテルは人々にペルセフォネの失踪と帰還をしのぶ秘儀を教えた。これは作物の種まきと収穫に結びつけられている。神話では冬になるとペルセフォネが冥界に戻ることになっているためだ。

歴史学者の中には幻覚を引き起こす植物を用いて儀式を行ったという説を唱える者もいる。エレウシスで奥義を授けられた者はごくわずかだが、秘儀の結果は広く知られるに至った——これを体験した者は永遠の幸福を得たといわれている。

秘儀が行われた聖地の再現図。

ペルセポリス

場所	イラン、ファールス州
精神的伝統	ゾロアスター教
建造時代	紀元前518年
観光時期	通年。ただし日中は非常に暑く夜間は非常に寒い

世界遺産にも登録されたペルセポリスはギリシャ語で“ペルシアの都市”という意味で、現代イラクの都市シラズの北方70kmに位置する。ダレイオス1世によって創設されたのは紀元前518年、山中および交通が不便な地に作られており、新たな首都としてはふさわしくない立地条件だったが、それでもペルセポリスは栄え続けた。現在人は住んでいないが、多数の遺跡群は大変保存状態がよく、世界中から旅行客が訪れている。

ペルセポリスは自然に形成された部分と莫大な人力を投入して形作った部分を合わせ持つ広大な基壇の上に座している。そのため遺跡にたどりつくには堂々たる111段の石階段(2つある)を登らねばならない。基壇上には全て近くの山から切り出した灰色の石灰岩を建材とした建築物の遺跡が数多く残っている。モルタルを使っていないのに石板のほとんどが完璧なまでにそのままの形を保っており、当時の職人の腕のよさがうかがえる。最も重要な建築はアパダナ宮殿で、ペルシアの公務のためにダリウス1世が建造を始め、紀元前480年にアテネを征服したことで知られる息子のクセルクス1世が完成させた。広い謁見の間は長さがなんと60mもあり、高さ20m近い72本の柱で支えられていた。柱の一番上には動物の彫刻がなされており、現在は13本が立った形で残っている。考古学では、ペルセポリスが使われたのはおそらく戴冠式や王族の葬儀、重要な祭儀など1年のうちの特定時だけだったと考えられている。

1933年に広間下の発掘が行われ、紀元前6世紀の見事な金と銀のプレートが多量に出てきた。南の壁にはダリウス1世のものと思われる“私は思い描いた通り、堅固で美しく適切な建物を建

てた”という碑文が刻まれていたことも
わかった。

ダリウス1世とクセルクス1世によって建造された堂々たる都市ペルセポリスの再現図。

アフロディテ神殿

場所	トルコ、アフロディシアス
精神的伝統	古代ギリシャ多神教、ローマ多神教
関係する神	アフロディテ
建造時代	紀元前2世紀〜紀元2世紀
観光時期	通年

アフロディテ神殿はトルコはイズミルから200kmをわずかに越える距離に位置する古代都市アフロディシアスにある。当初は古代ギリシャの愛と豊饒の神アフロディテを祭っていたが、後にローマ神話でアフロディテに当たるヴィーナスを祭神とする2番目の神殿が建てられた。最近神殿の大部分が修復されてかつての見事な姿を取り戻している。

考古学的な研究から、アフロディシアスでは8000年間近くものあいだ豊饒の儀式が行われていたことがわかっている。紀元前2世紀、彼の地は特にアフロディテと結びつけられるようになり、信者は祭儀を行うために神殿を建てた。

1世紀、ローマがギリシャとペルシャの王ミトリダテス6世を破り、アフロディシアスはローマの支配下に置かれた。ここで重要なのが歴代ローマ皇帝スラやジュリアス・シーザー、アウグストゥスが全員ヴィーナスを崇拝していたことで、アフロディシアスは彼らの治世のもと隆盛を極めた。神殿周辺には巨大な柱の聖堂や広大な劇場、スタジアム、浴場の他にも石造りの建造物が建てられた。アフロディテ崇拝はキリスト教がローマの正教となるまで栄えた。

ギリシャ神話にはアフロディテ誕生のエピソードがこう描かれている。息子のクロノスに切り落とされたウラノスの男性器が海に落ちた。すると海水が泡だって、その中から美しいアフロディテが生まれた。ゼウスはアフロディテの類い希な美しさが神々の間にいさかいをもたらすことを恐れ、すぐに堅実なヘパイストスと結婚させた。ヘパイストスは惜しまず贈りものをしたが、浮気性なアフロディテは他の神々と関係を持った。それでもギリシャとローマの男性たちには人気が高かった。

アフロディテの祠堂を囲むために建てられた柱つき神殿の遺構。

アポロ神殿

場所	ギリシャ、デルポイ
精神的伝統	古代ギリシャ多神教
関係する神	アポロ
建造時代	紀元前7世紀
観光時期	通年

アポロ神殿はアテネの北東約180km、デルポイ近郊パルナッソス山の南斜面に位置する。創建されたのは紀元前7世紀頃で、今なお観光客の目当てとなっているドーリス式円柱は紀元前4世紀に作られたものだ。

ギリシャの太陽神アポロはゼウスとレートーの息子で、オリンポスの神々の中心人物の1人だ。音楽の才能を愛され、彼がアポロ神殿で下す預言ゆえに1000年近く崇敬されてきた。古代、信者は世界中からはるばるやってきて重要な質問を神殿の巫女、ピューティアーに投げかけた。すると巫女はトランス状態になってアポロのスピリットからの答えを降ろしてくるのだ。巫女の口から伝えられた神託は厳粛に受けとめられた。アポロは昔からスピリチュアルな純粋性と清廉性と結びつけられており、その神託に留意しないと現世と来世に重大な結果が待っているとされたためだ。

総じてデルポイの預言はギリシャ社会にとって重要視されていたため、紀元前6世紀の火事の後と紀元前4世紀の地震で崩壊した後も神殿は建て直された。現在部分的に残っている神殿を設計したアテネの建築家は、それまでの形式と踏襲しつつも、正面に6本、側面に15本の柱を持つペリスタシス(回廊)をつけ加えた。広々とした蒼穹の下、突き出した岩山を背景にそびえる美しい石造りの神殿はまさに壮観だっただろう。

内部レイアウトや神殿内で行われていた秘儀についてはほとんど分かっていない。しかし前庭の入り口には著名な古代哲学者が奉納したという“汝自身を知れ”という言葉が刻まれている。古代ギリシャの秘儀を伝授された者にとって、この言葉は自らの力と弱さを知るだけではなく、スピリチュアルな本質を知るよう求める意味があった。そのため神殿とその周辺は神聖極まりない地と見なされ、今日に至るまでここを訪れた多くの人々が、まるでアポロのスピリットが住まうように感じて心を動かされたと語っている。

パルナッソス山の斜面に今も残るアポロ神殿のドーリア式円柱。

アヌラーダプラ

場所	スリランカ、北中部州
精神的伝統	仏教
関係する神	仏陀
建造時代	紀元前3世紀
観光時期	通年

美しい都市アヌラーダプラはスリランカ中央部に位置する重要な仏教巡礼地だ。古代ランカ文明のかつての中心地で、他に類を見ない遺構を有し、現在も活動中の多くの僧院がある。

仏教に伝わる話によると、紀元前3世紀、仏陀が悟りを開いた時に背にしていた聖なる菩提樹の小枝を携えてサンガミッター王女がインドからやって来たという。王女はアヌラーダプラに立ち寄り、尼僧教団を作った。まもなく立派な寺院や僧院が次々に建てられ、アヌラーダプラは強大なランカ文明の首都として栄えた。

993年、チョーラ皇帝ラージャラージャがスリランカを侵略してアヌラーダプラを支配下に置いた。1017年その息子ラージェンドラが父親を倒してこの偉大な都市を略奪する。アヌラーダプラは打ち捨てられてジャングルに呑みこまれ、19世紀に英国がスリランカを支配してジャングルを伐採するまでひっそりと森に隠れていた。

その後発掘が始まり、巨大な鐘形のストゥーパを備える日干し煉瓦で作られたたくさんの仏教寺院などの素晴らしい遺構が発見された。中でも注目すべきはルワンウエリサーヤだ。これは壮麗な複合ストゥーパで象の石製レリーフが周囲を囲んでいる。もう1つ取り上げるべきはトゥーパラーマ仏塔だ。こちらはスリランカに仏教がもたらされてから初めて建てられた寺院で、仏陀の鎖骨が安置されているといわれる。

1870年代になるとアヌラーダプラに人々が住むようになり、再び重要な仏教巡礼地となった。現在一番の聖地は、やはりサンガミッター王女が2000年以上昔に持ってきたといわれる菩提樹——スリー・マハー・ボデーィと呼ばれる——だ。保護柵に囲まれ小高い地面から幹を伸ばしているこの木は紀元前

250年頃から命をつないでいると思われ、おそらく世界で一番古い生きた樹木だと思われる。世界中の旅行客や巡礼者が崇敬するスポットであり、木を見ようとする人が絶えない。

壮麗なルワンウエリサーヤストゥーパ。広い中庭を石の象が囲む。

セドレツ納骨堂

場所	チェコ共和国、クトナーホラ
精神的伝統	キリスト教
建造時代	1278年
観光時期	通年

セドレツ納骨堂は“骨教会”とも呼ばれる小さな教会で、プラハ東方クトナーホラ郊外のセドレツにあり、全聖人教会地下に作られている。文字通り類を見ない教会で4万人以上の人骨が納められており、その骨が屋根や壁の装飾に用いられて衝撃的な効果を生み出している。

伝えられる所によればボヘミア王オタカル2世がハプスブルグ朝ルドルフとの戦争で不利になってきた時、セドレツ修道院の修道院長ヘンリーを使節としてエルサレムに派遣した。ヘンリーはエルサレムのゴルゴタ(イエス磔刑の地)に着くと一握りの土をすくい、セドレツに戻って修道院墓地にその土を撒いた。墓地は中央ヨーロッパ中のキリスト教徒から埋葬を希望されるようになった。

1400年頃に墓地中央に丸天井の教会が建てられたが、以後かなりの規模で増築が行われた。ペストがヨーロッパを席巻したためである。

18世紀に教会の上階の大部分が建てかえられ、19世紀に大量の人骨を地下納骨堂にうまく納めるべくリントという名の木彫家が雇われた。この仕事でリントはすさまじいまでの成果を見せた。全て人骨で鬼気迫るシャンデリアを作り、センターピースとして身廊に下げたのである。また頭骨を数珠つなぎにして丸天井から吊し、骨で紋章を作り、さらには骨で自らの名を象って不気味な作品のサインとしている。

すべて人骨で作られた鬼気迫るシャンデリア。

大きなドームを頂く至聖三者聖セルギイ大修道院と、その前にたたずむ聖神聖堂。

至聖三者聖セルギイ大修道院

場所	ロシア、セルギエフポサード
精神的伝統	東方正教会
関係する聖人	ラドネジの聖セルギイ
建造時代	1345年
観光時期	通年

歴史ある至聖三者聖セルギイ大修道院はホーリートリニティー・ラヴラとも呼ばれ、モスクワから80km程離れたセルギエフポサードにある。ロシアの最も神聖な複合的修道院として世界的に知られ、300人以上の東方正教会修道士が働いている。

ホーリートリニティー・ラヴラは1345年にセルギイという隠者により、キリスト教礼拝のために作られた森の中の木造教会が起源といわれる。10年後、セルギイは自分の元に集まって信仰生活を送るようになった多くの修道士をまとめるために規範条を作った。この規範条は非常によくできていたためロシア中の修道院が真似、セルギイの名は一躍有名になった。1380年、彼はタタール人に対するクリコヴォの戦いの前にドミトリー・ドンスコイに祝福を与えた。ドンスコイは勝利し、人々はセルギイの祝福のおかげだと信じた。

1392年にセルギイは70歳で没した。30年後、彼はロシアの守護聖人となり、セルギイの弟子が修道院の敷地に彼を祭る石造りの聖堂を建てた。1476年には同地に聖神聖堂が建造された。これはロシアの教会としては珍しく鐘楼を備えている。後にセルギイの弟子の多くがここに埋葬されている。そして1585年イヴァン雷帝の命により、やはり同地にモスクワのクレムリンにある聖堂を模した美しいロシア式ドームを5つ頂くウスペンスキー聖堂が完成する。

ホーリートリニティー・ラヴラは拡大を続けたが1917年のロシア革命時に修道院が閉鎖されてしまった。しかし1945年に世界第二次大戦が終わるとスターリンは教会に修道院を返還した。

モントリオール・ノートルダム聖堂

場所	カナダ、モントリオール
精神的伝統	キリスト教
建造時代	1824～88年
観光時期	通年。ただしクリスマスに行われるハンドベルのメサイアリサイタルは人気が高い

ノートルダム聖堂はモントリオール島の東側にある新ゴシック様式の壮麗な教会だ。建造は19世紀半ば頃、4000人以上の礼拝者を収容できる広さを持ち、長い間北米では最も大規模で立派な教会だった。内装の美しさは世界でも指折りと広く認められている。

バシリカを設計したのは建築家のジェームズ・オドネルで、完成した教会の素晴らしさに心を打たれて亡くなる前にカトリックに改宗したといわれる。彼の功績は高く評価され、その亡骸は地下聖堂に葬られた。このような扱いを受けたのはたった1人、オドネルだけである。

教会には大きな鐘楼が2つある。東塔には10個の鐘がついたカリヨンが、西塔には重量が12.2トン以上ある巨大な鐘が1つ据えつけられている。巨大な鐘は州知事の葬儀など特別な場合にしか鳴らされない。教会裏にはサクレクール教会堂という小さい礼拝堂があり、より気軽に参拝できる場所となっている。

教会の内部は主に細部にわたって彫刻と彩色が施された木で飾られている。天井は青で金色の星々が散りばめられ、壁は金色・銀色・空色・赤色と巧みにコーディネートされた様々な色に彩られて目を見張らずにはいられない効果を醸し出している。奥に行くとカサバン・フレール社製の巨大なパイプオルガンがある。鍵盤を4つ、パイプを7000本近く備えるこのオルガンは1994年に行われたセリーヌ・ディオンとレネ・アンゲリルの結婚式など、リサイタルや式典で重要な役割を果たしている。

内部は細部にわたって彫刻され彩色された木で飾られている。

LORD
LORD

ソルトレイク教会

場所	米国、ソルトレイクシティ
精神的伝統	キリスト教（モルモン教）
関係する神	モローニ
建造時代	1853〜93年
観光時期	現モルモン教徒からの紹介がないと中には入れない。ただし庭園内は観光客でも散策して構わない

ソルトレイク教会は米国ユタ州のソルトレイク中心部にある端麗なモルモン教教会だ。モルモン教信仰で中心的な役割を果たしているのはもちろん、ソルトレイクシティのレイアウト全体の中心でもある。この教会に近い順に通りの番号がふられているのだ。モルモン教徒にとって至聖の地であるとされ、教会は重要な巡礼地となっている。

この地は1847年、モルモン教（末日聖徒イエス・キリスト教会とも呼ばれる）の初代指導者であるブリガム・ヤングによって選ばれた。

教会の工事は1853年に始まり、花崗岩材を用いた巨大な外装工事が終わったのは1892年だった。内装が完成したのはその翌年で、実に竣工までにちょうど40年かかったわけである。教会はエルサレムのソロモン神殿をイメージしてデザインされ、エルサレムを向くように設計されている。彫刻を施された上品な壁の上にはゴシック様式の尖塔が6本伸び、それぞれの頂きに神の目を表す“全てを見通す目”がついている。中央の尖塔は、19世紀初期にモルモン教創始者のジョセフ・スミスの前に姿を現して話しかけたという天使モロナイの美しい彫像で飾られている。スミスによると、モロナイはモルモン教にとっての中心的な聖典『モルモン書』の原書であった黄金の板の守護天使だという。各バットレスの土台部分にはアースストーン、ムーンストーン、サンストーンがあり、はるか上にはクラウドストーン、さらに上にはスターストーンが配置されている——地から天へと人類がたどる霊的な旅の全過程を表すとされる。

中央尖塔は天使モロナイの像で飾られている。

セントポール大聖堂

場所	イングランド、ロンドン
精神的伝統	キリスト教
関係する聖人	聖パウロ
建造時代	1675年
観光時期	通年

セントポール大聖堂はロンドンに位置し、英国の象徴的なランドマークである。17世紀にクリストファー・レンによって設計された建築の傑作、セントポール大聖堂では英国の大きなイベントが数多く執り行われてきた。チャールズ皇太子とダイアナ妃の結婚式もその1つで、世界中で7億5000万人もの人々が中継を見たといわれる。

604年に最初に建てられた聖堂は木造で、聖パウロが祭られていた。10世紀になるとヴァイキングの侵入によって荒らされてしまい、石造の教会が代わりに建てられた。しかし1087年にこの教会も火事によって失われ、ヨーロッパで最も高い尖塔を備えた大聖堂が新たに建造される。この工事は200年以上続いたという。ところが1666年にロンドン大火でまた聖堂が破壊され、現在の大聖堂建築へとつながった。

ローマにあるサン・ピエトロ大聖堂を模した美しいドームを頂く、このレンの傑作は1708年に公開された。柱が並ぶファサードは優美な2つの塔で飾られ、その間には中央ドームと上に重ねられた尖塔が見える。

中に入ると身廊奥にかかる巨大なドームが静かで神聖な空間を作り出している。何世紀もの間に聖パウロが見守ってきただろう悲喜こもごもの多数の出来事を記念する式典を行うにふさわしい場だ。王と女王の祝祭、ネルソン卿、ウェリントン公、ウィンストン・チャーチルの葬儀もここで行われた。

セントポール大聖堂はロンドン大空襲の際に標的となり大きなダメージを受けた。第二次世界大戦の終結を祝うキリスト教礼拝式はセントポール大聖堂で行われたが、まさにうってつけの場所だったといえるだろう。

ローマのサン・ピエトロ大聖堂を模した大ドームに立つ黄金の十字架。

テンプル教会

場所	イングランド、ロンドン
精神的伝統	キリスト教
関係する教団	テンプル騎士団
建造時代	1185年
観光時期	通年

テンプル教会は12世紀、ロンドンのフリート通りとテームズ川の間にテンプル騎士団の本部として建てられた。円形の美しい教会で、多くの後援者の石像が置かれている。

テンプル騎士団はキリスト教の騎士修道会として1118年に創設された。エルサレムへの十次軍遠征でも中心的な役割を果たし、1129年にはローマカトリック教会から承認を得た。12世紀末には強大な力を持つようになり、内部の非軍事部門も発達して世界中のキリスト教教会の建築・保護に資金を提供するようになった。この組織が後の銀行の前身となる。当初テンプル騎士団はハイホルボーンを根拠地にしていたが、急速に増え続ける信徒を収容するためにテンプル教会が作られた。1185年、教会はヘンリー2世立ち会いのもとエルサレム総大司教ヘラクリウスによって聖母マリアに捧げられた。ヘンリー2世の息子リチャード1世も引き続き十字軍の派遣に尽力した。

しかし最終的にエルサレムがイスラム教徒によって征服されるとヨーロッパにおけるテンプル騎士団の威信は落ちていった。騎士団から多大な財政援助を受けていたフランス王フィリップ4世は法皇を説得して騎士団を解隊させた。テンプル教会はエドワード2世の管理下に置かれて騎士団は崩壊したが、莫大な富と権力を持っていたこのグループは地下に潜っただけで秘密裏に会合が持たれ続けているとの噂もある。教会の円形のデザインは、十字軍派遣で騎士団が初めて目にしたエルサレムの聖墳墓教会（参照→p.202～203）をモデルにしたものだ。後援者と騎士たちの頭像や石像で飾られている。

教会には主な後援者とテンプル騎士団の石像が置かれている。

フィラエのイシス神殿

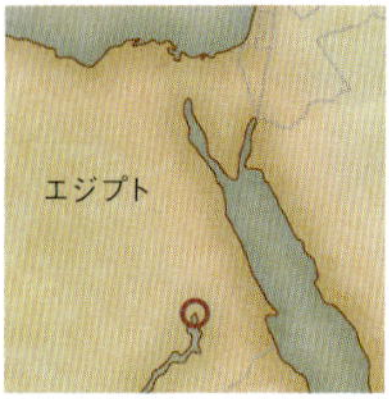

場所	エジプト、フィラエ島
精神的伝統	古代エジプト
関係する神	イシス、ハトホル、ホルス、オシリス
建造時代	紀元前380年
観光時期	通年、ボートで

ナイル川に浮かぶフィラエ島は、エジプト南部アスワンから50km程ナイル川をさかのぼった辺りに位置する。かつて美しいイシス神殿はフィラエに座していたが、1970年代にアスワンハイダムが拡張される際に神殿が水没する恐れがあったため慎重に近くのアギルキア島に移された。

フィラエに建てられた最初の神殿はハトホル神殿で、エジプト第30代目(紀元前380〜343年)の王朝の王らによって作られた。後のグレコ・エジプト=プトレマイオス朝（紀元前305〜30年）時代になると、壮麗なイシス神殿とイシスと多くの共通点を持つハトホル女神の神殿にとって代わられる。その結果フィラエ島はイシス信者の主要な巡礼地となり、キリスト教信者のローマ皇帝ユスティニアスが6世紀にこの地を発見して閉鎖するまで多神教の聖地であり続けた。その後時を置かずして聖母マリアを祭る教会が建てられたが、100年程の間に侵攻してきたイスラム教徒に破壊されてしまう。

イシス神殿は神殿群の奥にある。中庭を抜け、イシスとハトホル、ホルスの像で飾られたそそり立つ巨大な2つの塔門をくぐるとようやく聖なる神殿に到着する。神殿はいくつもの部屋を有し、中には神聖視される聖所がある。ここにはイシスの聖なる像が安置され、多くの巡礼者が参拝に訪れる。壁には全てを許し与える愛の女神に捧げものをするフィラデルフォス、エウエルゲテス2世、アウグストゥス、ティベリウスなどの王・皇帝たちのレリーフが所狭しと刻まれ、いかに崇敬されていたかを物語る。

エジプト神話によるとイシスは夫のオシリスとの間に息子ホルスを授かった。オシリスがセトに殺された後イシスが泣き明かしたため、ナイル川が氾濫した。そしてイシスはオシリスのばらばらになった体を集め、魔法で生き返らせた——イシスの神殿で行われる祭儀では、この故事が儀式としてくり返されたと思われる。

巨大な門を抜け、広い中庭を通ると壮麗な神殿に至る。

カルナック神殿

場所	エジプト、ルクソール
精神的伝統	古代エジプト
関係する神	アメン
建造時代	紀元前2000年
観光時期	通年。現在はアメン神殿のみ観光可能

現代のエジプトの都市ルクソールの近くには古代都市テーベがある。テーベには広大な神殿群や、カルナックと呼ばれる神聖なモニュメントが残っている。建造は4000年程前に始まり、歴代30人のファラオの統治期間にまたがって1000年以上続いた。そして完成したのが目を神殿群や荘重な門、神聖なモニュメントだ――見事なヒエログリフと比類ない装飾で彩られている――今では5km四方に広がる遺跡群となっている。

カルナックでも最も巨大なモニュメントは紀元前1391〜1351年にかけて建造された、最高神アメンに捧げるアメン神殿だ。アメンは創造と生命の息吹の神とされることが多い。元々はルクソールから3.2kmの長さに渡り2000体以上のスフィンクスが居並ぶ道がアメン神殿まで延びていて、この"スフィンクス参道"を通って神殿への参詣が行われていた。これよりは遥かに短いが、塔門と呼ばれる巨大な門口に続く参道は今も見ることができる。姿を留めているスフィンクスは前脚の間に古代の王たちを守り、アメンを表す羊の頭を持っている。

巨大な第1塔門を抜けると広い中庭に出る。ここには花崗岩と砂岩でできた祠堂がある。左の祠堂はアメンの妻ムト、中央はアメン、右はアメンの息子コンスを祭っている。向かい側には小さなスフィンクスがあるが、なぜかその顔はツタンカーメンの特徴を備えている。中庭中央にはタハルカ王のあずま屋があるが、現在は大きな柱が1本とエジプト産アラバスター石の巨大なブロックしか残っていない。右の方には小規模ながらも美しいラムセス3世の神殿がある。中庭の端には第2塔門がそびえており、堂々たる大列柱廊へと続いている。

ヒエログリフに飾られた大列柱廊の石柱群。

アミアンの
ノートルダム大聖堂

場所	フランス、ピカルディ
精神的伝統	キリスト教
建造時代	1220年
観光時期	通年。ただしクリスマスと新年には、中世らしい雰囲気を出すため特別なライトアップがファサードに行われる

アミアンのノートルダム大聖堂はパリ北方100km、ピカルディの都市アミアンにある。完成した大聖堂としてはフランスで最も背が高く、1220年、同地にあったロマネスク様式の大聖堂跡地に礎石が置かれた。ロマネスク様式の大聖堂も元々は4世紀まで遡れる多くの初期教会の跡に建てられたものである。

1206年、第4回十字軍に参加したワロン・ド・サルトンにより、洗礼者ヨハネのものだといわれる頭部がコンスタンティノープルからアミアンへ運ばれた。このエピソードに加え、大火によってロマネスク様式の聖堂が多大な損害を受けた事実があいまって、アミアンにさらなる大聖堂を建造しようという気運が高まったと思われる。公式には1266年に竣工したが、その後も長期に渡って付加的な工事が続いた。

聖堂の前面に美しいバラ窓を挟んで2つの装飾的な石塔がそびえている。バラ窓の下には22人の王の像が横1列に並んでいる。一番下には堂々たる入り口が3つあり、その中にはドミティウスやアルフィア、フィルマンなど地元の重要な聖人、ヴィクトリクスやフシアンなどの外国の聖人、3世紀にローマからやって来てアミアンの近くで殉教したといわれるキリスト教伝道師らの見事な像が設置されている。中世時代、ここは鮮やかに彩色されてファサード全体に精彩をもたらしていた。

聖堂の屋根は126本の長い柱が支え、中世ヨーロッパに作られた聖堂では屋内の空間が最も広い。巨大なステンドグラス窓によって生まれる明るく軽やかな雰囲気が礼拝と祈りにぴったりだ。

2つの石塔に挟まれたバラ窓が美しい装飾的なファサード。

アンコールワット

場所	カンボジア、アンコール
精神的伝統	ヒンドゥー教、仏教
関係する神	ヴィシュヌ、観音菩薩
建造時代	12世紀
観光時期	12月～1月の、モンスーンが終わって酷暑の季節が始まる前

アンコールワットはカンボジア北西部のシェムリアップ近く、アンコールにある複合寺院群の一部だ。世界でも最大級で非常に高く評価されている宗教モニュメントの1つで、1113～1150年にかけてクメール帝国を統治したスーリヤヴァルマン2世によって建造された。

ヒンドゥー教寺院の常として、アンコールワットのデザインはヒンドゥー神話からモチーフを得ている。寺院からそびえる5つの見事な石塔はヒンドゥーの神々が住まうというスメール山の5つの頂を表す。豪華な寺院は地上の山々を表す巨大な壁に囲まれており、壁の外には世界の海と川を象徴する大きな濠が配置されている。寺院の壁にはそれぞれ広範囲にわたって守護神とヒンドゥー神話の場面などのバスリリーフが刻まれている。最も有名なのはヒンドゥー教に伝わる愛されてやまない幻想的な創世神話、『乳海攪拌』の場面だ。長さがほぼ50mにも渡るこの巨大な彫刻の中央には、マンダラ山に巻きついたヴァースキという神聖な蛇が、前をアスラ(阿修羅)に、後ろを神々に引っぱられている図が描かれている。ヴィシュヌ神が押さえるマンダラ山を軸にアスラと神々が蛇を引っぱり合うと世界の海が攪拌されて不老不死の妙薬アムリタができた。

濠の向こうに5つの石塔を備えた中央祠堂が見える。

アンコールワットへは、蛇神の彫刻で飾られた石橋を渡り西門から入る。脱皮して“生まれ変わる”蛇はヒンドゥー教における再生のシンボルだ。中央祠堂はジャガティという広大な壇上に配置されている。建物は3層の回廊構造になっており、一番高い主要な祠堂部分は中央塔を頂いている。かつてはヴィシュヌ神の像がここに安置されていた。

1177年、チャム族がアンコールを侵略してアンコールワットを蹂躙した。この時、後のジャヤーヴァルマン7世がカンボジアの民兵を組織して1181年にアンコール奪回に成功する。これをきっかけに同年彼はクメール帝国王となった。ジャヤーヴァルマンは非常に熱心な仏教徒である王女ジャヤラジャーデーヴィ（Jayarajadevi）と結婚し、王位についてまもなく大きな影響を受けたようだ。彼はアンコールワットをもう一度国の主寺院にするのをやめ、数km北方にバイヨンという大乗仏教の寺院を新たに建築した。こちらも見事な石造りの寺院で観世音菩薩が祭られている。観世音菩薩は尽きることのない慈愛を注ぐことで知られており、バイヨンの菩薩像は現在アンコール観光の目玉でもある。

ジャヤーヴァルマンの息子も仏教徒だったが、その後のクメール王ジャヤーヴァルマン8世はヒンドゥー教徒だった。そのため再びアンコールワットは栄え始め、バイヨンにもヒンドゥー教信仰が導入されるようになる。しかし13世紀末期にスリランカで仏僧の修行をしていたシュリーンドラヴァルマンが新たな統治者として権力を手中にする。シュリーンドラヴァルマンは直ちに領内をヒンドゥー教から小乗仏教信仰に変えた。アンコールワットの中央祠堂にあったヴィシュヌ神像は封じこめられてしまい仏教のストゥーパが建てられた。以来アンコールワットは仏教寺院となったが、ヒンドゥー教寺院としてのルーツは一目瞭然だ。寺院の南塔下部にはタ・リエと呼ばれるヴィシュヌ神の素晴らしい像がある。これは元々中央祠堂に安置されていたという説が有力だ。今もアンコールワットはカンボジアの人々に深く愛されており、カンボジアが1863年に誕生する際にアンコールワットの図柄を国旗にしている。

最近になってアンコールワットの正確な地理的位置について驚くような事実が次々と発見されている。例えば主な建物の配置は紀元前1万500年前の春分の星座と一致しており、ギザの第ピラミッドから経度にして72度東に位置するのだ。

巨大な壇の上に建造された荘重な寺院の再現図。

バドシャヒモスク

場所	パキスタン、ラホール
精神的伝統	イスラム教
建造時代	1673年
観光時期	通年

バドシャヒモスクはパキスタンのラホールにあるムガール帝国のモスクだ。美しいドームを3つ頂き、四隅に4つの巨大なミナレットが立っている。赤い砂岩に白い大理石を惜しげもなく使った外壁はまさに壮観だ。

この偉大なモスクは1671年、敬虔なイスラム教徒アウラングゼーブ皇帝——アーラムギール1世とも呼ばれる——の命によってラホールフォートの向かい側に建造された。モスクは1673年に完成し、1986年まで世界最大のモスクだった。明るく軽やかな雰囲気の礼拝堂はひたすら広く、1度に10万人までの礼拝者を収容できる。荘重な壁と曲線を描く天井は大理石と岩材で飾られ、美しいイスラム文字のカリグラフィーで複雑な装飾が施されている。

1799年、シーク帝国最初のマハラジャであるランジート・シンがラホールを征服する。これに続く彼の統治中、イスラム教徒はバドシャヒモスクに立ち入ることを許されず、内部は厩に使われたともいわれひどく荒れてしまった。

1849年英国がラホールを支配下に置いてモスクは軍事的訓練に利用された。この時地元のイスラム教徒に強い反感を買っていることに気づくと、もしもの暴動の際に砦とならないよう壁の大部分を壊してしまった。しかし1852年に英国はモスクを手放してイスラム社会との関係改善を図るべくモスクを返還した。その後バドシャヒモスクオーソリティが設立されて小規模の修繕が行われる。1939年、第二次世界大戦の始まりとともに英国による支配が終わる気配が見え始めると修繕作業は急速に早まった。1960年のパキスタン・イスラム共和国成立から4年後、モスクの修復は完全に終わる。

1974年、39ものイスラム教国頭首がまとまってバドシャヒモスク内で金曜礼拝を行い、イスラム教徒にとって彼の地が世界でも至聖の地であることを強調した。

3つのドームを頂く美しいモスクの中庭。
何万人もの礼拝者が集う。

バハーイーの礼拝堂

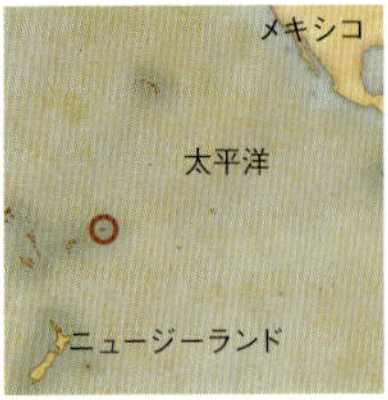

場所	サモア、ウポル島
精神的伝統	バハーイー
関係する神	バハーウッラー
建造時代	1984年
観光時期	通年。礼拝は日曜日に行われる

バハーイーの礼拝堂は1984年、サモア王マリエトア・タヌマフィリ2世によってウポル島の都市アピアに建設されたものだ。洗練されたデザインの控えめな美しさを備えた聖堂で、信仰や宗教に関係なく誰でも入ることができる。

美しい風景に囲まれた庭園の中にあり、腰かけながら、または散策しながら瞑想したり神を思うようになっている。建物自体は9面構造になっており――全てのバハーイー寺院に共通した作りだ――高さ30mにも及ぶ巨大な白いドームを頂く。サモアは世界でもバハイー信仰が盛んな地だが、サモアでありふれた風景でもある円形のわらぶき屋根の家、ファーラとどことなく姿形が似ている。

中に入ると巨大な白いドーム下部に広い窓があり、おかげで屋内は快活で明るく軽やかな雰囲気だ。窓の間にはサモア語と英語でバハーイー聖典を刻んだ木のパネルが張られている。ドーム中央には、バハーイー教の神聖なシンボルである九芒星の隣にバハーウッラー――19世紀にバハーイー教を創始した人物――の名が記されている。注目すべきは、バーブ(バーブ教の創始者)が“選ばれし者”の到来を宣言した9年後にバハーウッラーがバハーイー教を起こす神聖な使命を示されたことだ。バハーイー教は全ての人々と全ての信仰を1つのスピリチュアルな屋根の下にまとめるべく活動しているが、9は一桁で最も大きい数で、全てを含むというバハーイー教の中核的な思想を表している。

サモアでバハーイー教が盛んになったのは1967年にイタリアのユーゴ・ジアケリィ博士がバハーウッラーの聖典を国王マリエトア・タヌマフィリ2世に献上したのがきっかけだ。王はこれを呼んでバハーイー教信者になった。ジアケリィ博士は今もサモアで愛されており、礼拝堂の庭にある彼の墓にはバハーイー教信者がしげく訪れて足を止め、敬意を表している。

バハーイーの礼拝堂は静かな庭園に囲まれ、訪れた人々はそこで瞑想する。

バルセロナ大聖堂

場所	スペイン、バルセロナ
精神的伝統	キリスト教
関係する聖人	聖エウラリア
建造時代	1298～1460年
観光時期	通年

バルセロナ大聖堂は“ラ・セウ”または“聖エウラリアの聖堂”とも呼ばれるカタルーニャ・ゴシック様式聖堂だ。バルセロナの古いゴシック地区、古代ローマ神殿の上に建てられている。建造は1298年に始まって1379年に竣工したが、続いて多くの増築や改築が行われたため最終的に完成したのは1460年とする説もある。

大聖堂は印象的なネオゴシック様式の小尖塔で飾られた堂々たる鐘楼や、美しい色合いのステンドグラス窓がはめこまれたゴシック様式の巨大なアーチ、惜しみなく装飾が施された祭壇を置いたいくつもの礼拝堂を備えている。細かな彫刻を施された聖歌隊席と歩廊もある。

カタルーニャ・ゴシック様式の魅力の1つはシンプルさだろう。主な例を挙げるなら広い表面は飾り気のない平らな石で覆われ、味気ないまでの直線で縁取られている。この実に簡素なスタイルを好まない向きもあり、19世紀には教会前面にネオゴシック様式のファサードがつけ加えられて壮麗な装飾と細かなディテールを添えることとなった。

平らな石の柱が美しいゴシック様式のアーチまでのびている。

バルセロナ大聖堂の守護聖人は聖エウラリアで、キリスト教信仰放棄を拒絶したことで304年にローマ多神教信者によって火刑にされたといわれる。彼女は服をはぎとられて衆目にさらされたが、不意に雪が降り始めてその体を包みかくしたという。そのアラバスター製石棺は主祭壇の下に安置されており、スロットに硬貨を入れて地下の照明をつける仕組みになっている。おもしろいことに何世紀も前から歩廊には13羽の白いガンが住みついている。このガンは聖エウラリアの純潔を象徴しているのだという。

サンマルコ寺院

場所	イタリア、ヴェネチア
精神的伝統	キリスト教
関係する聖人	福音書記者マルコ
建造時代	1063年
観光時期	通年

サンマルコ寺院——“黄金の教会”ともいわれる——はヴェネチアの大運河近く、サンマルコ広場に面して立っている。元々はヴェネチアの富裕な支配者のための贅沢な礼拝堂で、公共の大聖堂ではなかった。しかし1807年にヴェネツィア大司教座が置かれたため大聖堂という位置づけになった。

828年、ヴェネチアの商人がアレキサンドリアから使徒である福音書記者マルコの亡骸を盗んでヴェネチアへ持ち帰り、遺骸は250年間のあいだ現在のサンマルコ寺院がある場所に安置されていた。

1063年に教会の建設が始まったが、1094年まで聖マルコの遺骸は見つからなかった。しかし伝説によると聖マルコ本人が柱から腕を伸ばし、遺骸のある場所を指し示したという。遺骸は、新たに建てられ同年聖別されたバシリカの下に位置する地下室の石棺に納められた。

続く200年のあいだにバシリカは大幅に増築された。13世紀には身廊の端に新たなエントランスが加えられ、建物が周囲と馴染むようにファサードも作りかえられた。同じ頃にビザンチン式内装の美しいモザイクがほぼ完成し、教会の上を飾る大きなドームも木枠に鉛板が張られた。その後数世紀に渡り、外国で成功を収めてヴェネチアに帰ってきた多くの裕福な商人が教会に多大な寄付をした。間もなく外壁の煉瓦細工に見事な彫刻が施されるとともに大理石の像などが飾られ、室内の床には美しいモザイクが贅沢に敷かれ、壁は大理石で覆われた。そして天井は複雑な模様の黄金細工で彩られることとなった。

主祭壇裏の飾り壁はゴールデンポールと呼ばれる。1000年程前に製作されたもので、ビザンチン帝国の職人の腕には驚くばかりだ。下部には聖マルコの生涯がエナメルで描かれ、上部には主に大天使マイケルの姿が描かれている。また多くの宝石が散りばめられているが、18世紀後期にナポレオンがその一部を盗んだという。

1968年、当初の窃盗を償うために教皇パウロ6世がサンマルコ寺院の地下室から少量の骨をアレキサンドリアに返したといわれる。

バシリカの屋根には5つのドームがかかり、壁は大理石と細かな彫刻で飾られている。

ボロブドゥール

場所	インドネシア、ジャワ島
精神的伝統	大乗仏教
関係する神	仏陀
建造時代	9世紀
観光時期	通年

ボロブドゥールはインドネシアに属するジャワ島中央部、マゲランにある驚くべき仏教遺跡だ。遺跡を囲む地は美しく肥沃で、2つの火山と2本の川に囲まれているため“ジャワの庭園”とも呼ばれる。

建造されたのは9世紀、仏陀に捧げる祠堂として作られたといわれる。巨大な寺院の壁は彫刻が施された何千という石板で飾られ、仏陀像が500体以上も見いだせる。大きなドームを頂く構造になっているが、なぜかドームは空で、さらに目透かし格子状に石を積んだストゥーパ内に座る72体もの仏陀像が取り囲んでいる。

仏教徒にとってボロブドゥールは何百年間も神聖な主要巡礼地だった。巡礼者は寺院の基部からいくつもの回廊や階段を歩いて頂上のドームへと到達するようになっており、道をたどりながら壁に彫りこまれたレリーフについて思いをめぐらせる。レリーフは絵巻物風な構成になっていて、登っていくことで自然と悟りへと導かれる仕組みだ。

72体の仏陀像の1つ。透かし格子状に石が積まれたストゥーパが居並ぶ壇上に置かれている。

歴史学的にはジャワ島住民の大半がイスラム教に改宗した14世紀に打ち捨てられたとされる。しかし20世紀後半になって始まった大規模な修復計画により、ボロブドゥールは再び神聖な巡礼地となった。現在、数多くのインドネシア仏教徒が毎年行われるウェサク祭を祝いに訪れる。これは仏陀の誕生・入滅・悟りを記念する祭である。

ボロブドゥールについては面白い説がある。かつては水面に浮かんでいて、巨大な蓮の花のような形にデザインされたというのだ。まず考古学的調査で地底に湖が発見され、そして後に地質学的調査によって13〜14世紀にはボロブドゥールが湖の岸に位置していたと判明したことなどから、この説が裏づけられた。興味深いことに遺跡全体の構造も巨大な蓮形をしている。

カオダイ寺院

場所	ヴェトナム、タイニン省
精神的伝統	道教、仏教、儒教、キリスト教
建造時代	1933～55年
観光時期	通年

カオダイ（高台）寺院はヴェトナムの首都ホーチミンから北西96km程の位置にある。カラフルで華やかな装飾が施された寺院は、仏教・道教・儒教・キリスト教を融合させて非常にユニークな宗教を作りあげたカオダイ信仰の中心的信条を象徴するものだ。

カオダイ寺院の建造は1933年に始まり1955年に終わった。全体的な構造はキリスト教教会がモデルで、長い中央身廊の終端には祭壇・後陣・周歩廊があり、身廊の両脇を側廊が挟んでいる。しかし内も外も装飾は全く違う。身廊に並ぶ28本の柱の形はまるで龍のようで、周囲を囲む壁は赤・青・黄に塗られ、イエス・キリストや仏陀、ヴィクトル・ユーゴー、老子などの様々な聖像が美しく作りつけられている。

寺院の本尊は大きな第3の目が描かれた巨大な球体だ。この神聖なシンボルは全てのカオダイ寺院と信者の住宅に掲げられている。目は必ず左目だ。東洋の信仰では昔から左目がニルヴァーナまたは神を表すからである。右目はサンサーラすなわち物質界の象徴だ。神聖な眼の瞳には道教で万物の基本的な極性を示す、よく知られた陰陽のシンボルが描かれている。

平信徒は長いゆったりした白い服を身につけるのが普通で、男性は身廊の右側に、女性は左側に座る。毎朝6時、10人の音楽家と20人の若い歌手のリードにより、陶然とした気分に誘われるような詠唱を行う儀式が始まる。さらに正午と夕方6時、夜中の12時頃にも儀式が行われる。カオダイ寺院は常に礼拝が行われているのだ。誰でも入れるが、膝が隠れるような服装で靴を脱いでから入室しなければいけない。

東洋と西洋の信仰が融合したファサード。

パリのノートルダム大聖堂

場所	フランス、パリ
精神的伝統	キリスト教
建造時代	1163年
観光時期	通年

ノートルダム大聖堂はパリ4区にあるゴシック様式の壮麗な教会だ。建造が始まったのは1163年、18世紀末のフランス革命時にかなり損壊したが19世紀に修復され、現在はパリ大司教座聖堂でもある。ヴィクトル・ユーゴーの代表作『ノートルダム・ド・パリ(1831)』に題材を取った多くの映画やミュージカルによって世界中にその名がとどろいた。

聖堂の基本構造は石造りの袖廊・聖歌隊席・身廊・塔・西正面・北側袖廊上の豪華なバラ窓が完成した12世紀後半と13世紀初期のものだ。当初外壁を支えるフライングバットレスはついていなかった。高々とそびえる壁を補助するために後になって加えられたものである。教会内部へ続く大きな正面入り口は幼子イエスと聖母マリア、そして数々のフランスの重要な聖人を彫った見事な彫像で飾られている。また各所に美しいステンドグラス窓がはめこまれている。ステンドグラスは型にはまったものではなく自然な雰囲気で、フランスのゴシック芸術に一貫する特徴を備えている。

ノートルダム大聖堂には巨大な鐘が5つある。南塔に下がる最大の鐘はエマニュエルと呼ばれ、重さが13.2t以上ある。時を告げるため毎正時に、また重要な式の際に鳴らされる。他の4つの鐘は北塔にあり、こちらは特別な式の際にのみ鳴らされる。1944年8月24日、エマニュエルがナチ占領の終わりを告げるべく鳴り響いた。

イエス、聖母マリア、聖人らの彫像が配置されたゴシック様式の荘重なファサード。

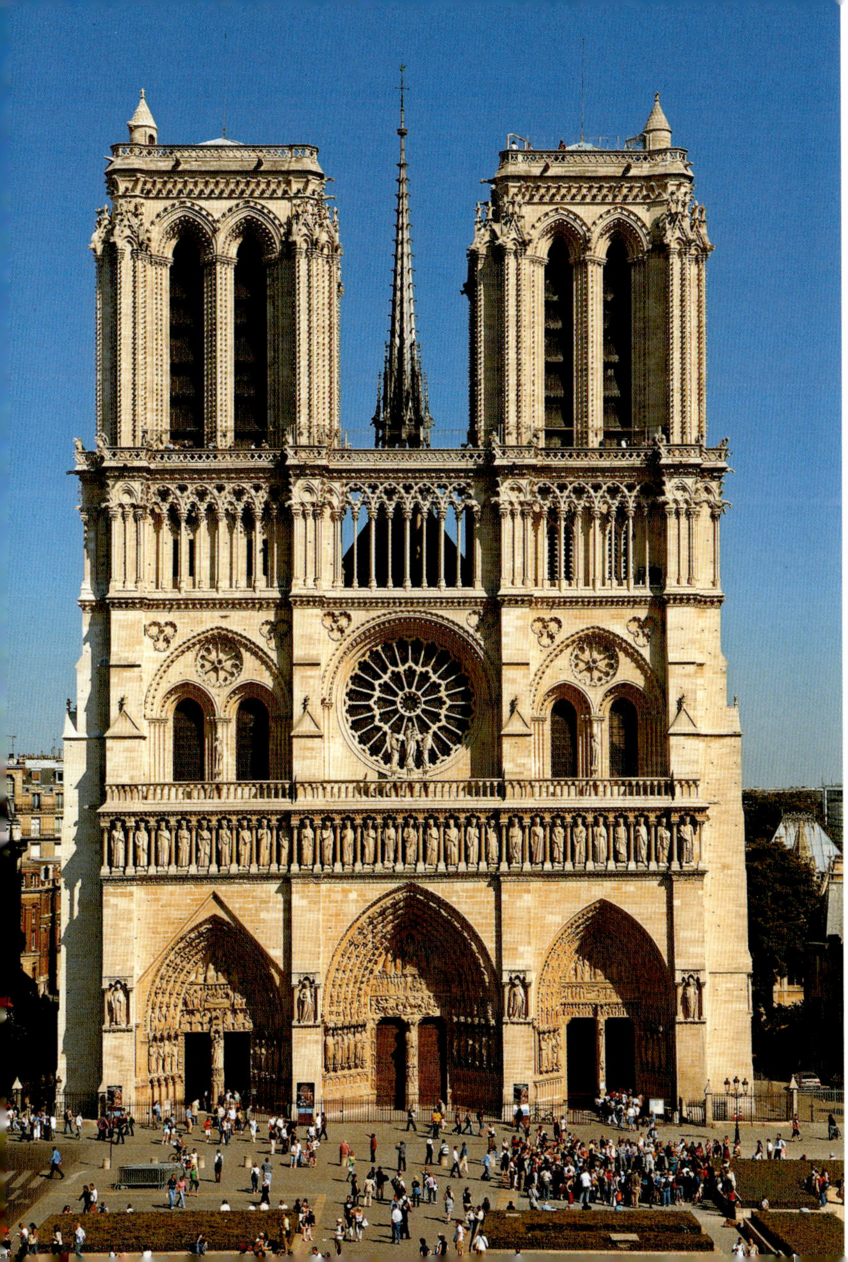

ファイサルモスク

場所	パキスタン、イスラマバード
精神的伝統	イスラム教
関係する要人	ファイサル王
建造時代	1976〜1986年
観光時期	通年。非イスラム教徒も入れるが、地元の服装習慣に従うこと

イスラマバードの美しいファイサルモスクは最近まで世界最大のモスクだった。サウジアラビアの故ファイサル王に捧げられたもので、王自身がモスクの出資者でもある。熱心なイスラム教共和国であるパキスタンのナショナルモスクだ。

建築が始まったのは1976年、ファイサル王が暗殺されて1年後のことだ。

新たに建設されるモスクにドームがないと分かった当初、伝統を重視するイスラム教徒の間には懸念する声があった。しかし10年後に完成したモスクを見てその不安は落ち着いた。ヒマラヤ山脈麓の美しいマルガラ丘陵地を背景に、四隅に立つ白く細いミナレットは高さなんと80m、テントにも似た中央の繊細な建物を守っているようだ。

伝統的にはモスクへの入り口がメッカ——イスラム教徒がひざまずいて祈る方角と同じ——を向くことになっている。そのためファイサルモスク入り口と壮麗な礼拝堂は東側にある。礼拝堂は1万人まで収容でき、8角形の部屋はベドウィンのテント、またはイスラム教巡礼の主要な聖地であるメッカ（参照→p.232〜235）に安置されているカアバ石を思わせる。純白の大理石に覆われた天井からは巨大なシャンデリアが下がっている。壁は手のこんだイスラム様式のモザイクと、イスラム教徒が毎日信仰の主要な柱として唱えるカリマのカリグラフィーで飾られている。

モスクを訪れる際はドアの所で靴を脱ぐよう求められる。また例外なく地元の服装習慣を守ることが決まっている。男性は手以外の部分を隠し、女性も手以外を覆ってスカーフで髪を隠さねばならない。モスクの施設内には図書室や美術館、イスラム研究センター、講義室、イスラム大学教員のオフィスがある。イスラム大学は最近までこのモスクを拠点にしていた。

テントを思わせるモスク中央の繊細な構造を守るようにそびえる、細長く尖ったミナレット。

黄金寺院

場所	インド、アムリッツァル
精神的伝統	シク教
関係する神	グル・ナーナク
建造時代	1581～1606年
観光時期	通年

アムリッツァルの静かな湖の真ん中に鎮座する黄金寺院はシク教至聖の地だ。黄金と大理石彫刻で飾られた見事な建物で、いくつもの部屋に宝石が埋めこまれている。

伝説によると、シク教教祖のグル・ナーナクは繁くこの地を訪れて瞑想し、神に近づいていたという。1539年に彼が亡くなった後、弟子が湖に廟を作った。そして1581～1601年にかけてグル・アルジュン・デーヴ（シク教第5代グル）がシク教を統率している時代に黄金寺院が建造された。シク教に伝わる話によると、グル・アルジュンは1588年、自らのよき友人にして人々の崇敬を集めるスーフィー教の聖人、ハズラット・ミアン・ミール（mian mir）を招いて礎石を置いてもらったという。この石をある職人がしかるべき位置に直すためわずかに動かしたが、グル・アルジュンは聖人の行ったことをむげにするのは大変な間違いだと非常に立腹した。続く200年間（1786年まで）、寺院は侵略してきた軍隊によりくり返し破壊された。これはハズラット・ミアン・ミールが置いた礎石を動かした職人のせいだと多くのシク教徒が信じている。しかし度重なる不運にも関わらず、黄金寺院はシク信者からの潤沢な寄付に支えられ、敬虔なシク教徒によって一層美しい建物に建て替えられてきた。

黄金寺院には1604年からシク教至聖の聖典である“グル・アディ・グラント”が保管されている。毎朝ほぼ5時頃、聖典は寺院内の特別な聖域であるダハール・サーヒブへと運ばれる。敬虔なシク教徒は、その中の様々な祈りや詩、祝福の言葉などを魅惑的な音楽に合わせて一日中歌う。素晴らしい詠唱は巡礼者が神と近しく結びつくのを助けるといわれ、多くの人々が散策する湖

アムリッツァルの神聖な池に静かに佇む黄金寺院。

の周辺に常時聞こえてくる。毎晩大体10時頃、アディ・グラントはスリ・アカル・タハト・サーヒブ（“神の坐”の意）に戻され、翌日の日の出まで大切にしまい込まれる。

ダハール・サーヒブにはドアが4つあり、シク教があらゆる信仰を持つ人々を認め、歓迎することを表している。事実、ダハール・サーヒブへの入室に当たってはほとんど制限がない。誰もが神とともに安らぎを見いだせる聖地なのである。求められるのはアルコールを飲まないこと、薬物を使用しないこと、肉を食さないこと、その場にふさわしい服装をすることだけだ。この場合のふさわしい服装とは頭を覆って靴と靴下を脱ぐことで、聖域には全員が裸足で入る。

寺院を囲む湖には地下からの湧き水が流れこんでいて、その水は特別神聖だとされる。そもそも“アムリッツァル”とは、“甘露のプール”という意味なのだ。昼夜を分かたずシク教巡礼者は湖で沐浴し、シク教信仰の最終目標である直接的な神の存在の実感に向けて自らを浄化する。沐浴後はダーシャニ・ディオリ（Deorhi）という大きなアーチをくぐり、島中央に位置する寺院へと続く土手道を歩いて行く。ダーシャニ・ディオリは高さ60m以上で幅6m、向かいにはシク教の自治と政治力を象徴する金色のドームを頂く美しいスリ・アカル・タハト・サーヒブが立っている。1984年、この貴重な建物――毎晩アディ・グラントが保管される場所だ――はシク教の活動家と衝突したイン

ド軍によって砲撃された。この際インド政府は湖に隣接する細長い土地を安全地帯として収用しようとしたが、シク教徒らの強い抵抗にあって、提案は最終的に却下された。代わりにこの土地はのどかな風景となり、湖をめぐる2番目の道が敷かれて黄金寺院の神聖な雰囲気がいや増す結果となった。

神聖な湧き水で満たされた湖の前で瞑想するシク教巡礼者。

ジェンネの大モスク

場所	マリ、ジェンネ
精神的伝統	イスラム教
建造時代	1907年
観光時期	通年。ただし気候が穏やかな11月～1月がベスト。モスクが泥を塗り直される儀式であるクレピサージ（Crepissage）祭は毎年2月～4月に行われる。非イスラム教徒は外から眺めることができる

ジェンネの大モスクはマリ中央部ティンブクトゥの南方350km程に位置する。泥レンガで作られた世界最大の驚くべき建築だ。町中央のつつましやかな買い物広場を見下ろすように、まるで幻のごとくそびえ立っている。

ジェンネは1000年以上も交易の重要な中心地だった。13世紀、現在の場所に最初の泥レンガでできたモスクが建てられた。最終的に今のモスクが完成したのは1907年、フランスがマリを占領している時代だった。イスラム教の主要な巡礼地でもあり、一般的にこのモスクはサハラ以南の泥レンガ建築の頂点だとされる。

ファサードで目立つのは3つの巨大な塔で、それぞれ尖塔で飾られている。尖塔の先には豊饒を象徴するとされるダチョウの卵が据えられている。主要な礼拝堂は3000人を収容できる広さだ。壁は日干し泥レンガをプラスターで接着してある。下の壁は暑さが0.5m以上あり、これだけで巨大な構造の途方もない重量を支えている。壁の補強としては椰子材が用いられている。椰子材の先端が突き出して美しいデザインとなっているが、実際は毎春に行われる祭りで泥を塗り重ねて建物を補修する際の足場としても利用される。祭は男女も子供も参加する陽気な雰囲気で、泥の準備から壁に登る役目まで伝統的に引き継がれてきたそれぞれの持ち場がある。

広い天井には通気口があるが、日中

はジェンネの女性達が作った美しい陶板がかぶせられている。容赦なく照りつける砂漠の日光で熱くなったモスクの内部を冷やすため、夜になると外気を取りこむべく陶板を外す。陶板は雨が大モスク内部に降りこむのを防ぐ役割も果たしている。雨が染みこむと急速にレンガが崩れてしまうのだ。

巨大なモスクは、照りつける砂漠の太陽で干した泥レンガのみで建造されている。

アギアソフィア

場所	トルコ、イスタンブール
精神的伝統	東方正教会、イスラム教
関係する神	コンスタンティノープル大主教
建造時代	532～537年
観光時期	通年

アギアソフィア――直訳すると"聖なる知識"という意味だ――は現在のイスタンブールに立つ美しいビザンチン様式の教会だ。1000年近くもの間キリスト教の聖堂としては世界最大のものであり続け、その巨大なドームは今もコンスタンティノープルの空に君臨している。不思議な巡り合わせからアギアソフィアは500年間コンスタンティノープルの中心的なモスクとしても利用された。現在は人気の高い博物館で、キリスト教徒もイスラム教徒も同様に訪れる。

大聖堂は532~537年にかけてキリスト教徒のローマ皇帝ユスティニアスにより先立つ教会の跡地に建造された。完成に当たってユスティニアスは"ソロモン、我はそなたに勝てり"と叫んだという。多くの貴重な聖遺物――イエスの聖骸布と聖母マリアの母乳などがあるといわれる――が運びこまれ、それらは時を置かずして東方正教会の信仰及び公的活動の軸となった。ほぼ700年間、アギアソフィアは火事や地震による損壊の修理をする程度で、途切れることなく最大のビザンチン教会という地位を享受した。長さ50mの銀製イコノスタス――身廊と祭壇の境界となる聖画がかかった壁――など宝物も増え続けた。才能溢れる芸術家らが登用されて内壁に新約聖書の場面を事細かに表現した美しいモザイクもつけ加えられた。西ヨーロッパからコンスタンティノープルを訪れた人々は特に感嘆するようだ。

大ドーム内にはクルアーンの"御光章"が記されている。

1204年フランドル伯家のボードゥアンの命により派遣されたエンリコ・ダンドロが率いる十字軍がコンスタンティノープルを蹂躙した。その後ローマカトリックの騎士達は大虐殺を行い、さらにアギアソフィアを冒涜しつくした。見事な銀製イコノスタスを破壊し、聖書を収めた広大な図書館に火をかけ、聖別したワインを勝手に飲んだのである。おまけに尊敬を集めていたコンスタンティノープル大主教を追放して代わりに野卑な娼婦を据えた。東方正教会とローマカトリック教会との深い溝が一層広がった一件である。婦女子を辱めるなどギリシャの人々に対する十字軍の振る舞いがあまりにひどく、十字軍を組織した本人である教皇インノケンティウス3世が非難したほどだった。ボードゥアンと指揮下の騎士たちはコンスタンティノープルから巨額の金銭を盗み、その大半は十字軍に出資したヴェネチアの富裕層に引き渡された。またボードゥアンはイエスの墓の石、イエスの聖骸布、崇敬されていた多くの聖人の遺骸などアギアソフィアに保管されていた貴重な聖遺物を数多く略奪し、西ヨーロッパに持ち帰った。挙げ句の果ては自らがコンスタンティノープル皇帝を名乗りハギアソフィアで戴冠式を行ったのである。

1261年には東方正教会側も大軍を組織し、ボードアン2世が統治していたコンスタンティノープルを奪回した。ようやくアギアソフィアに入ることができた軍はエンリコ・ダンドロの墓を見つけ、これでもかとばかりにつばを吐きかけたそうだ。その非道な振る舞いは50年経っても生々しく記憶されていたのだった。アギアソフィアは直ちに東方正教会として改めて門戸を開いたが、占領期にその富と威信を大幅に失っていたため地位と栄光を完全に取り戻すことはかなわなかった。

1453年スルタンのメフメド2世がコンスタンティノープルを征服し、アギアソフィアをモスクに転用した。聖遺物と大きな祭壇は取り払われ、壁を彩る細かなモザイクは隠されてしまった。また外側に4つのミナレットがつけ加えられ、以後アギアソフィアはイスタンブールの主要モスクとなる——ほぼ500年間、モスクとして利用されたのだった。1923年トルコ共和国が成立し、宗教との分離策の1つとしてモスクは閉鎖されることになった。そして1935年に博物館となる。徐々に古いビザンチン様式のモザイクが修復されているが、モスクに人物像を飾るべきではないと考えるイスラム教徒の意向を重んじて、今のところあまり作業は進んでいない。2004年、教皇ヨハネ・パウロ2世がコンスタンティノ

ープルとアギアソフィアにおける800年前の出来事に対し東方正教会に謝罪し、カトリックと東方正教会が和解した。

そびえる4つのミナレットに囲まれたアギアソフィア大聖堂の大ドーム。

フィレンツェのドゥオーモ

場所	イタリア、フィレンツェ
精神的伝統	キリスト教
関係する聖人	聖母マリア
建造時代	1296～1436年
観光時期	通年

美しいサンタ・マリア・デル・フィオーレ大聖堂は短くドゥオーモとも呼ばれ、イタリアはフィレンツェのドゥオーモ広場にある。上質の大理石で惜しみなく装飾が施され、レンガ造りの建物としては世界最大だ。見事な芸術作品が数多く保管されており、昔からカトリック教徒が巡礼に訪れる聖地である。

聖堂建設は1296年に始まり、1436年にようやく完成して教皇エウゲニウス4世が聖別を行った。当時ドゥオーモは世界最大の教会で、フィリッポ・ブルネレスキが設計した8角形の巨大なドームを頂いていた。教会外には自らうち立てた金字塔というべきドームを見上げるブルネレスキの像が建っている。ドーム最頂部には金張りの銅製ボールからなる輝くランタンと十字架が掲げられたが、1600年に落雷を受けて落ちてしまった。ただし数年後にはより大きなものに取り替えられた。

聖堂内部は見事なステンドグラス窓から差しこむ光で広々とした空間が照らされているが、中は違和感を感じるほど何もない。中世キリスト教の厳しい禁欲主義を思いおこさせる。メインドア上に設置された大きな時計は15世紀に作られたもので、4人の使徒のフレスコ画で美しく飾られている。現代の12時間時計ではなく24時間時計で、時刻は1本の針が回転して示す。時計の上には14世紀製の息を呑むばかりのステンドグラス窓がある。この美しい教会が捧げられた聖母マリアにキリストが冠をかぶせている図案だ。ドーム内部には最後の審判からのドラマティックな場面が描かれている。

銅製ランタンを頂く巨大なドーム。レンガ製としては世界最大だ。

コナーラクの太陽寺院

場所	インド、オリッサ州
精神的伝統	ヒンドゥー教
関係する神	スーリヤ
建造時代	1278年
観光時期	10月〜4月がベスト。コナーラクの舞踊祭は12月1〜5日

コナーラクの太陽寺院——黒いパゴダとも呼ばれる——はインドでも指折りの美しく見応えのある寺院の1つで、オリッサ州のプーリー近くにあるコナーラクに位置する。東ガンガ朝のナラシンハデーヴァ1世が13世紀に建てたもので、惜しげもなく施した彫刻飾りでよく知られる。ヒンドゥー教の太陽神スーリヤに捧げられた寺院だ。

伝説によるとクリシュナの息子サンバは素行があまりに悪かったため——父親の妻の入浴をのぞいたりした——クリシュナはサンバをハンセン病にした。プーリーの岸辺でスーリヤに祈らないと直らないといわれ、サンバはオリッサに向かう。そこで蓮の上に座った太陽神の姿を見つけ、正式な礼拝を行うと病は癒えた。以来、その土地はスーリヤに捧げられたのだという。

太陽寺院は7頭の馬に引かれ精密な彫刻を施された24の車輪を持つ戦車

を象って作られている。入り口には2頭の獅子が戦闘用の象を踏みつけ、象は哀れな人間を踏んでいる。表面は全て鳥や動物、音楽家、魅力的な若い女性、ありとあらゆる面白い幾何学形などの精密な彫刻で覆われている。

黒いパゴダの前には2番目の寺院ナタマンディールがある。こちらも動物や木の他、時には抱擁しあう裸体の男女など情感豊かで魅惑的な像で美しく飾られている。ここではスーリヤに捧げる神聖な儀式として舞踏が行われたと思われる。

当初は上に大きなドームが配置されていたようだが、土台が弱くて支えきれずに外されたようだ。しかし近隣に伝わる話はちょっと違う。ドームは完成したもののさんざんな結果になったのだという。ドームは大きな磁石のように作用して周辺の船を引き寄せてしまい、岸にぶつかって壊れる船が続出したため残念ながらドームは取り除かれた。ヨーロッパの船員によって“黒いパゴダ”とあだ名がつけられたのはこの磁力とやらのせいだ。彼らは沿岸で多くの船が難破したのはこの寺院のせいだと信じていたのである。

スーリヤに捧げられた寺院は石製彫刻で評判が高いが、エロティックな場面も。

ロカマドゥール

場所	フランス、プロヴァンス
精神的伝統	キリスト教
関係する神	聖母マリア、聖アマドゥール
建造時代	70年頃
観光時期	通年

ロカマドゥールは、トゥールーズ北方160kmのドルドーニュ川支流を見下ろしてそそり立つ絶壁の岩場に鎮座する宗教コミューンだ。この聖地には多くの重要な宗教的モニュメントがあるが、最も傑出しているのが聖母マリアの聖堂で、何百年間も巡礼者——一般人から王まで——を引きつけてきた。

伝説によるとエリコのザアカイはロカマドゥールで隠遁生活を送っていた。その際にイエス・キリストと直接会って会話をしたという。ザアカイが亡くなって(70年頃)埋葬が行われた後、キリスト教巡礼者が敬意を表すべくロカマドゥールを訪れるようになった。

1162年にロカマドゥールで墓が発見された。この墓はロカマドゥールのコミューンの創始者といわれ、388年からオセールの主教を勤めた聖アマドゥールのものとされる。次第に聖アマドゥールとザアカイは同一人物だと思われるようになったが、時代が全く異なるためこれは間違いだろう。

急峻な岩場の崖ぎりぎりに立つ聖母マリア聖堂。

同時期にロカマドゥールに聖ソーブール教会が建築され、1166年には地下廟、聖アマドゥール教会が岩場から発掘された。聖アマドゥールが残した多くの遺物が保管されており現在中に入ることもできる。

1479年、小さな峡谷を半分ほど登った絶壁の上ぎりぎりの場所に、今も見ることができるノートルダム礼拝堂——聖母マリア聖堂——が建てられた。その後現在に至るまで多くのキリスト教巡礼者が216段の階段をひざまずきながら聖堂まで登ってくる。

聖堂内には聖母——黒いマドンナ——の木像がある。伝説ではザアカイがロカマドゥールに持ちこんだ、または聖アマドゥールが彫ったということになっているが、現代の年代測定法によるとどちらの説も非常に疑わしい。この黒い像には特別なパワーがあるといわれ、聖堂で祈っている間に病が自然治癒した、霊的なひらめきが得られたなどの体験を多くの巡礼者が報告している。

スワミナラヤン・マンディール寺院

場所	イングランド、ロンドン、 ニーズデン
精神的伝統	ヒンドゥー教
建造時代	1990〜1995年
観光時期	通年

スワミナラヤン・マンディール寺院はロンドン北西部のニーズデンにある、美しいドームを頂く広壮な石造建築だ。ヨーロッパに作られた最初のヒンドゥー教大寺院で、インドはグジャラートのアクシャルダム寺院のレプリカでもある。ニーズデンのこの寺院には毎年50万人以上が訪れる。

スワミナラヤン・マンディール寺院は1995年にプラムク・スワミ・マハラジが建てた。彼のグルであるヨギ・マハラジが建築を望んでから25年後のことである。工事は1990年に始まり、インドで組織された彫刻師の一大チームがイタリア産大理石とブルガリア産石灰岩2万6300枚に彫刻を施してロンドンへと送った。完成した寺院はインド外では最大のヒンドゥー教大寺院となり、メインホールには5000人以上を収容できる。資金は全てヒンドゥー教コミュニティからの献金でまかなわれ、建築工事のほとんどはボランティアによって行われた。

堂々たる寺院はニーズデンの空を背景に威容を誇る。複雑な彫刻を施された壁の上には汚れのない乳白色のドームと優雅な小尖塔が雅にそびえ、せわしないロンドンの中で心安らぐオアシスとなっている。本来はヒンドゥー教寺院だが、シンプルなのに自然と醸し出される威厳と美しさに惹かれたシク教徒やイスラム教徒にも広く利用されている。英国では鋼鉄や鉛材を使うのが普通だが、この中央ドームは全て石材で作られている。7つある小尖塔の下にはそれぞれ寺院が配置され、基壇上の祭壇にはヒンドゥー神の神像が置かれている。これらの神像——ムルティと呼ばれる——には僧が実際の神のように敬意をもって仕えている。古代ヴェーダ聖典に記された祭儀に従って毎日沐浴させ、着替えさせ、祈りを捧げてから食物を供えているのだ。

堂々たる寺院の乳白色の壁・尖塔・ドームは石材を彫刻して作られ、最上質の大理石で飾られている。

聖ヴィート大聖堂

場所	チェコ共和国、プラハ
精神的伝統	キリスト教
関係する神	聖ヴィート
建造時代	1344年
観光時期	通年

聖ヴィート大聖堂はプラハ城の城壁内にある壮麗なゴシック様式の聖堂だ。1344年に建造され、チェコ共和国で最も崇敬されるキリスト教教会でもある。

925年、ウェンツェスラウス1世が現在の大聖堂敷地に踊り手と病人、犬の守護聖人である聖ヴィートに捧げる小さいロトンダ式教会を奉献した。当時キリスト教徒と多神教教徒はプラハ城内に共存していた。しかし11世紀半ば頃になるとキリスト教会衆の数が増えたため、スピチフニェフ2世がウェンツェスラウスの墓が安置されている部分をそのまま残しつつ同地にはるかに大きなバシリカを建てた。

1344年、莫大な富と権力を持つボヘミア王カレル4世が資金を提供し、バシリカは現在の聖堂に建て直された。カレル4世の願いは、この聖堂を戴冠の場および王国の聖遺物の保管所として利用し、一族の地下祭室を置くことだった。設計を任されたのはフランス人建築家アラスのマティアで、彼は全面的にフランスゴシック様式を採用し、フライングバットレスが支える身廊を3つ備えたバシリカ、10角形の後陣、放射状になった礼拝堂を持つ素晴らしい大聖堂をデザインした。残念ながらマティアは作業半ばにして亡くなり、1352年に年若いペトル・パルレーシュが志を引き継いだ。彼は聖歌隊席を端から端まで横切る2重の交差リブ、ウェンツェスラウスの墓室のための美しいドーム状ヴォールト、窓を配置したうねるような壁などオリジナルの工夫を加えてマティアの計画を全うした。建物全体の構造はマティアの構想によるものだが、魅了されずにはいられない複雑なデティールはパルレーシュの功績だ。

プラハ城の城壁内部から見た、見応えのあるゴシック様式のファサード。

ワットアルン

場所	タイ、バンコク
精神的伝統	仏教、ヒンドゥー教
関係する神	仏陀、ブラフマー、シヴァ、インドラ
建造時代	18世紀
観光時期	通年。船で訪れるのがベスト

ワットアルン――“暁の寺”とも呼ばれる――はバンコクはチャオプラヤ川の西岸にある威風堂々たる仏教寺院だ。巨大な寺院はタイのシンボル的ランドマークでもあり、中央にそびえる大仏塔は高さ80m以上、その周囲を美しさでは劣らない4つの小ぶりな大仏塔が囲んでいる。

ワットアルンが建造されたのは18世紀半ばだ。当初は1778年にラーマ1世がタイに持ち帰り崇敬を集めていたエメラルド仏が安置されていたが、エメラルド仏は1784年に王宮に運ばれて現在に至る。その後ラーマ2世が中央大仏塔を大きくする工事を行い、意志を受け継いだラーマ3世が完成させた。ラーマ4世は寺院を“ワット・アルンラーチャワラーラーム”と名づけた。大雑把に訳すと“暁の寺”という意味になる。

仏教寺院ではあるがヒンドゥー教の像やモチーフもたくさんある。中央の大きな大仏塔は神話でブラフマー神が住まい世界の中心とされる須弥山を表している。また豊かな装飾が施され、一番上にはシヴァの三叉戟といわれる凝った飾りを施した7つの刃がついた鉾を頂いている。布薩堂に続く入り口は見事な彫刻の魔神が守護している。白い悪魔はサハッサ・デチャ(Sahassa Decha)、緑の悪魔は壮大なヒンドゥー教神話『ラーマヤーナ』に登場するラーヴァナでトッサカンと呼ばれる。贅沢な布薩堂にはラーマ2世がデザインしたといわれる仏陀像が安置され、その下にはラーマ2世の遺灰が埋められている。

中央仏塔の4隅には4つの小さな仏塔が配置されているが、これらには陶器と貝殻の破片がびっしり埋めこまれ、目を見張るような視覚的効果を醸し出している。ここから急な階段が何本か中央仏塔を囲む2つの歩廊へと伸びる。2番目の歩廊には頭を3つ持つ象にまたがるヒンドゥー神インドラの像が4体ある。この神話に登場する象はエラワンと呼ばれ、生涯を仏陀への祈りに捧げたという。

チャオプラヤ川から望む荘重なワットアルン。中央仏塔は須弥山を表す。

ワット・ベンチャマボーピットドゥシットワナーラーム

場所	タイ、バンコク
精神的伝統	仏教
関係する要人	シャム第5代国王チュラロンコーン
建造時代	1899年
観光時期	通年。ただし仏教活動が行われているため訪れる際は毎日の儀式を妨げないよう注意を

ワット・ベンチャマボーピットドゥシットワナーラームは大理石寺院とも呼ばれ、タイでも有数の美しい寺院だ。バンコクに位置し、1899〜1900年にかけて純白の大理石で建造され、見事な仏陀像——プラ・ブッダ・ジナラージャを擁する。仏陀像の下にはこの寺院に祭られているチュラロンコーン王の遺灰が保管されている。

チュラロンコーンはラーマ5世とも呼ばれ、タイでは非常に人気が高い。1868年に15歳で即位、1873年に実権を握るとすぐに国民が従属的にならないよう王の前での平伏を禁止した。1905年には奴隷制を廃止、そしてタイを近代化すべく休むことなく尽力した。1910年に死去したが、その遺灰は彼に捧げるべく異母弟が設計したこの美しい白い寺院に埋葬された。1920年、ブロンズで作られた大きな黄金の仏陀像——プラ・ブッダ・ジナラージャ——が遺灰の上に安置された。今なおタイではチュラロンコーン王が広く崇敬され、人々は毎日仏陀と王への敬意をこめて像の前で黙想する。

大理石寺院のデザインは東洋とヨーロッパの建築様式を融合させた極めて珍しいもので、チュラロンコーン王が西欧世界と連携するために献身したことを彷彿とさせる。本堂の前面は見事な柱で飾られ、壁には美しいステンドグラス窓がはめこまれている。ただし屋根は段状で、タイの伝統的パゴダ様式だ。中央ボット(布薩堂)の奥には回廊があり、ダムロンラーチャーヌパープ王子が王のために集めたユニークな仏陀像が安置されている。それぞれに異なるスタイルは、仏陀像が作られた国々の違いを反映している。

回廊裏にはチュラロンコーン王へ贈られた大きな菩提樹が植えられている。この木はインドのブッダガヤ(参照→p.266〜267)に生えている菩提樹(この下で仏陀が悟りを開いた)から取った苗を育てたものといわれる。現在のタイ王は青年期に大理石寺院で教育を受ける。

東洋と西欧の建築様式が見事に融合した寺院。大理石の柱とステンドグラスの上にパゴダ様式の屋根がのっている。

ワット・プラケーオ

場所	タイ、バンコク
精神的伝統	仏教
関係する神	仏陀の最後の応身仏
建造時代	1778年
観光時期	通年

ワット・プラケーオはバンコク宮殿の敷地内にある仏教寺院だ。一般的にタイで最も神聖な寺院とされる。極めて神聖で社会的価値の大きい小さな緑色の仏像、“エメラルド仏”が安置されているためで、ここから“エメラルド寺院”とも呼ばれる。この像に近づけるのはタイ国王だけだ。国王は国民の幸福を願って神聖な仏像とその周辺で恭しく儀式を行うことになっている。

地元の仏教徒の間ではエメラルド仏が数千年前に作られたと信じられているが、現代の歴史学では700年位前のものだろうと考えられている。エメラルド仏にはこんな逸話がある。1434年、とあるタイの寺院に安置されていたスタッコの仏像に雷が落ちた。すると中から鮮やかな緑色をした翡翠の仏陀像が現れた。この“エメラルド仏”を一目見ようと人々が押し寄せたため、国王はチェンマイに移すべきだと考えた。そして仏像を持ってくるため3回象を送ったが、どの象もなぜかランパンへと行ってしまう。これを知った国王は仏陀からの印だととらえ、ランパンに像を安置する。しかし1468年、王の息子が無事チェンマイにエメラルド仏を移すことに成功した。1552年ラオス王が像を“借りた”が返さなかった。そして像は1564年ヴィエンティアンに移されて1778年までそのままだったが、タイ王ラーマ1世がヴィエンティアンを征服して仏像を持ち帰った。その後1784年にバンコク宮殿に移されて今に至る。

エメラルド仏は50cm程の大きさだ。寺院中央の見事なアートで飾られた巨大な黄金の台座に安置されている。ラーマ1世は像のために2着、ラーマ3世はもう1着の服を仕立てた。現国王は年に3回、複雑な儀式を行いながらこの服を着替えさせる。つまりエメラルド仏は常に服を着ているわけである。

宮殿庭からながめた神聖な寺院。

上海文廟

場所	中国、上海
精神的伝統	儒教
関係する賢人	孔子
建造時代	1296〜1855年
観光時期	通年

上海文廟は孔子廟ともいわれ、上海の古い街並みの静かな空間の中に鎮座する。1296年に初めて作られてからあちらこちらに移され、1855年に現在の位置に落ち着いた。中国の一般的な寺院とは違い、上海文廟は祠堂と学校と両方の機能を持ち、儒教における教育の大切さが強調されている。

複合施設の西側表玄関には灰色の石材で作られた伝統的な欞星門があり、獅子が守護についている。ここから伸びる最初の道は人々が参拝を行う大成殿というメインホールに至る。この中には教えを説く孔子の魅力的な像が安置されている。偉大な哲学者である孔子の像は孔子が楽器として好んだという鐘と太鼓で囲まれている。壁を飾る多数の石板には孔子の残した格言と教えを編纂した『論語』が刻まれている。黌門から孔子廟に入ることも可能だ。ここからは2番目の道が延びていて古い学問所へと続く。かつてここに入れたのは試験に合格した学者だけだった。この門の先には儀門がある。昔は正装した生徒しか入ることが出来なかった。儀門の左手に続く小道は茂みと木々に囲まれていて、つい瞑想や黙想――儒教で重要視されている――に誘われる。

孔子(紀元前551～479年)が主に説いたのは人生に関することだ。今ここで生きることが第一で、神秘思想や神はほとんど扱われていない。また儒教で教えられているのは日々の生活での知恵と徳であるため孔子廟が上海随一の古本市場となったのもうなずける。ここでは日曜日の朝になると人垣ができて知恵が詰まった本を売り買いする。

儒教に神は登場しないが、信者は儀式と参拝を熱心に行う。中国の一般的な儒教寺と同じく、孔子廟でも大成殿で踊り手が8列になって儒教の精神に儀式的な舞踊を"捧げる"のが習慣になっている。

訪れる人全てを快く迎える上海文廟の孔子石像。

マーマッラプラムの寺院群

場所	インド、タミルナードゥ州
精神的伝統	ヒンドゥー教
関係する神	ヴィシュヌ、シヴァ
建造時代	7～8世紀
観光時期	通年

マーマッラプラムは別名マハーバリプラムといい、見事な彫刻像で飾られた石窟寺院や石造寺院などが集まった類を見ない寺院群を擁し、はるか昔から無数のヒンドゥー教教徒が巡礼に訪れている。インドのタミルナードゥ州沿岸に位置し、パッラヴァ朝が統治した7～8世紀に建造された。

マーマッラプラムで最も重要視される寺院はシルカダルマーライ(Thirukadalmallai)で、海岸に立つ3つの小さい聖堂からなる。はるか昔、シヴァがこの地に老人の姿で現れて食事を乞うたといわれ、各聖堂は偉大なヒンドゥー神にして“維持者”であるヴィシュヌの異なる化身に捧げられている。

海岸寺院はマーマッラプラムでよく見られる石窟寺院とは対照的にインドでも最も初期に作られた石積みの寺院

だ。ベンガル湾へと伸びる小さな岬に、花崗岩の石板を材料に作られている。高さは19m、主構造はピラミッドのような形でその前に小さな聖堂が付属している。この中には3つの廟がある。主要な廟はシヴァに、中央の小さなものはヴィシュヌに、最後はやはりシヴァに捧げられている。主要な廟の中には石でできたシヴァのリンガムが安置され、シヴァ崇拝の中心的存在となっている。

パンチャラタは花崗岩を彫った石彫りの寺院群だ。ピラミッド状の寺院はそれぞれが1つの岩塊から掘り出されていて、ドラウパディーと『マハーバラータ』に登場する5人のパーンダヴァ兄弟――アルジュナ、ビーマ、ナクラ、ユディシュティラ、サハデーヴァで、ドラウパディーは同時に5人と結婚している――が祭られている。

“ガンガーの降下”と呼ばれる彫刻群は巨大なバスレリーフで、幅29m高さ13mの1枚岩に彫りこまれたものだ。息を呑むように見事なこの彫刻には、ガンジス川の聖なる水を天から地へと導く神話の場面が描かれている。

2004年インド洋で地震が起こった際にマーマッラプラムの一部を津波が襲った。しかし波が引く時に長い間に堆積した砂岩が運び去られて、象やライオン、馬など動物を表した古代の彫刻が露出した。

マーマッラプラムが水没する前の石造寺院と動物彫刻の図。

クノッソス宮殿

場所	ギリシャ、クレタ島
精神的伝統	古代ギリシャ多神教
関係する怪物	クレタ島のミノタウロス
建造時代	紀元前2000～1200年
観光時期	通年

クノッソスの古代都市はクレタ島北部ヘラクリオンの近くにあり、かつてはミノア文明の宗教活動の中心地だった。現在、かなりの部分に修復が施されたクノッソス宮殿――ミノス宮殿と呼ばれることもある――で世界的に有名だ。クノッソス周辺には9000年前から人が住んでいた。

クノッソス宮殿が最初に建造されたのは4000年程前で、以後900年間増築と改築をくり返す。建設された部屋数は1000以上、その多くが美しいフレスコ画で飾られていた。このフレスコ画は労を惜しまぬ作業でかなりの数が修復されている。主に描かれているのは仕事をしていたり遊びに興じたりする場面で、苦しそうなモチーフはほとんどない。宮殿にまつわる恐ろしい伝説とは極めて対照的に平和そのものといった社会を思わせる。

ギリシャ神話によれば、ミノス王はダイダロスに地下に巨大な宮殿を作るよう依頼した。牛頭で人間の体を持つミノタウロスを閉じこめる迷宮にするためだ。ところが設計しおわった所で、間取りを明かされるのを恐れたミノス王がダイダロスを牢に閉じこめてしまった。ダイダロスは自分と息子のイカロス用に翼を作ってうまく逃げ出した。ダイダロスが注意したにもかかわらずせっかちなイカロスは太陽に近づきすぎ、翼を固定してあったロウが熱で溶け、エーゲ海に落ちて死んでしまった。一方で宮殿は完成し、ミノタウロスは迷宮に閉じこめられた。しかしミノタウロスは7年ごとに7人の少年と7人の少女を食事として送りこむよう要求した。ミノス王はアテネの人々に無理矢理子供を捧げさせたが、とうとう勇敢な青年テーセウスが若者たちに混ざって宮殿に入った。テーセウスはアリアドネが与えた糸玉から糸を繰り出しながら迷宮に入り、ミノタウロスを探し出して退治した。彼は糸をたぐって脱出し、アテネの英雄となった。以来、アテネで彼を知らない者はなくなったという。

現在クノッソス宮殿を訪れると、近代になって修復された部分と数千年前に作られて発掘された遺跡の両方を見ることができる。

3000年以上前、栄華を極めていた頃の大宮殿想像図。

サマイパタの砦

場所	ボリビア、サンタクルス県
精神的伝統	アラワック、インカ
建造時代	3～14世紀
観光時期	通年

サマイパタの砦はプレインカの石造寺院で、ボリビア中央部の山地にある巨大な岩の側面を彫って作られている。おびただしい量の幾何学形と様式化された動物の絵で飾られ、3世紀にアラワック人が建造したといわれる。しかし後の14世紀になってインカ人も利用した。16世紀にスペインのコンキスタドールがこの隣に町を作り、今もその跡が残っている。

サマイパタのペトログリフは非常に長く、200×50mにも渡って伸び、世界最大の石彫板である。岩の頂上には直径7mの円形の座席——“神官の席”と呼ばれる——が12個、砂岩に深く彫りこまれている。円形の内側には外側を向いたさらに3つの座席があり、12の座席と向かいあうように囲まれる配置になっている。歴史学者はここで行われた儀式を想像するのみだ。周囲の壁に幾何学形が刻まれているが、正確な意味は不明だ。猫の頭のように見える席周辺は石で作られ、その下には溝が彫りこまれた貯水タンクがある。おそらくは下方の谷へと水を流すためのものだと思われるが、血を流したという説もある。

岩の南面には5つ、もしくはそれ以上の神殿があると思われる。現在は壁に刻まれた幾何学形しか残っていないが、この様式に似た絵がマチュピチュ（参照→p.84～85）など他のインカの地にも残っている。もう少し南に行くと広いプラザを挟んでこの神殿に向かいあう大きなインカ建築が見られる。どの証拠からも、インカの人々がアラワック神殿を自分たちの祭儀に取りこんで利用し、さらに神殿と彫刻を加えたことがうかがえる。サマイパタ周辺には蛇やクーガーがよく見られるが、これらはインカの典型的シンボルである。

最近、インカ遺跡の中に深い穴が発見された。その先は地下のトンネルに続いているらしいが、まだ探索されていない。

“神官の席”の下に刻まれた深い溝。歴史学者は下方の谷に水を流すためだと考えている。

バールベック／ヘリオポリス

場所	レバノン、ベカー谷
精神的伝統	ローマ多神教
関係する神	バアル、ジュピター、マーキュリー、ヴィーナス
建造時代	1～4世紀
観光時期	通年

バールベックはレバノン北東のリタニ川の東、肥沃なベカー谷で一番高い地点にある。かつてはヘリオポリスと呼ばれ、世界でも類を見ない大きさの、そして極めて保存状態のよいローマ神殿を擁する。バールベックの名はカナン人の神で、ローマ人がやって来る数千年前から崇拝されてきたバアルに由来する。

紀元前31年、ローマ皇帝オクタウィアヌスが実権を握った。その後長きにわたってローマ帝国は安定し、バールベックに立派な神殿が建てられる。まずジュピター神殿が、そして大庭が作られたが、残念ながらそびえ立つ巨大な6本の柱しか残っていない。2世紀になってバッカス神殿が加えられたが、本当にこの若き神に捧げられたものかどうかは定かでない。こちらの神殿はかなり元型を留めており、ジュピター神殿よりはずっと小規模だがパルテノン神殿

よりも大きい。後に建てられたヴィーナス神殿は比較的小さく、柱は6本しか使われていない。おそらく柱上にドームを頂いていたと思われる。

近くの丘にマーキュリー神殿もあるが、現在は儀式用の階段しか残っていない。バールベックの建築作業は、コンスタンティヌスの主導によってローマがキリスト教に改宗した4世紀まで続いていたことが知られている。ヴィーナス神殿では未婚・既婚を問わず神殿娼婦として女性が不特定多数の男性に身をまかせる習慣があり、コンスタンティヌスはヴィーナス崇拝を止めさせようと急いでバールベックにキリスト教会を建てさせた。

カナンの神バアルにはローマ神ジュピターとの共通点が多い。バアルには息子のアリヤンと娘のアナトがいるが、どちらもローマ神のマーキュリーとヴィーナスによく似ている。ローマ人はバールベックでジュピターとマーキュリー、ヴィーナスを崇拝していたためこれは重要なポイントだった。さらに大きなジュピター像はトウモロコシと雄牛2匹で飾られている――これはバアルに直結するモチーフで、バールベックで崇拝されていた神はジュピターとバアルが融合したものであることがわかる。つまりかつてローマ人は地元の人々が形を変えてバアルを崇拝し続けることを許したのだ。

見事なバッカス神殿。非常に保存状態がよく、パルテノン神殿より大きい。

シオンのマリア教会

場所	エチオピア、アクスム
精神的伝統	エチオピア正教会
建造時代	4～17世紀
観光時期	通年。ただし女性は入れない

シオンのマリア教会はエチオピア北部ティグレ州アクスムにある。エチオピアの歴史では極めて重要な役割を果たしてきた。何世紀もの昔からここで王位についた者のみが“皇帝”を意味するアセという称号を得られるからだ。しかし契約の聖櫃（シナイ山でモーセに下された十戒が納められているという小さな木箱）があるという主張の方で有名だ。

この地に最初に教会が建てられたのは4世紀、エチオピアで最初のキリスト教皇帝であるエザナ王の治世下だったといわれる。この教会は10世紀の女族長グディットによって破壊された。教会は建て直されたものの後の16世紀にソマリのイマーム、アフマド・イブン・イブリヒム・アル＝ガジーに壊されてしまう。しかし民衆をまとめて鼓舞し、侵略してきたイスラム軍を撃退したことで名声を博したガローデオス皇帝によって再建された。現在の教会は17世紀にファシリデス皇帝によって増築されたものだ。1950年代、ハイレ・セラシエ皇帝の妻が資金を提供して2番目の教会──“石板の礼拝堂”──を隣に建てた。こちらは男女どちらも入ることができる。

古い教会の裏手には契約の聖櫃が安置されているといわれる石板の礼拝堂がある。

エチオピア正教会によると、契約の聖櫃はソロモン王の息子メネリク1世によってまずエチオピアに運ばれ、シオンのマリア教会に保管されていた。しかし聖櫃が熾烈な熱を放ったため元々置かれていた聖所が壊れ、石板の礼拝堂に移されたという。聖職者以外の者が眼にするのは極めて危険と信じられているため、聖櫃を見ることができるのは特別に任命された司祭だけだ。選ばれた司祭は生涯を礼拝堂に閉じこもって過ごし、絶えず祈り香を焚き続ける。聖櫃から発するすさまじい光のため、ほとんどの司祭は任についてまもなく目の水晶体が白濁して死ぬともいわれる。

毎年11月30日、多数のエチオピア正教会の信徒がシオンのマリア教会へと巡礼に訪れマリアム・シオン祭を祝う。

紫禁城

場所	中国、北京
精神的伝統	道教、儒教、シャーマニズム
建造時代	1460年
観光時期	通年

紫禁城は北京中央にあり、大きな塀と濠に囲まれた複合的な木造建造物で、建物の数は1000に近い。15世紀初期に建造され、1912年の辛亥革命で清朝が倒されるまでの400年間、中国皇帝一族の王宮として利用された。

明朝皇帝の永楽帝が1406年に南京から北京に遷都し、その16年後に広大な紫禁城が完成して中国における信仰と政治権力の新たな中心地となった。最高級の木材と大理石材を用い、分厚い塀、巨大な門、見上げるような塔、美しい広場、贅沢な宮殿、道教と儒教の寺院などの壮麗な複合的建造物を造るために100万人以上の労働者が身を粉にして働いたという。内部は皇帝一族の私邸である内廷と、公的儀式や宗教儀式を行う外朝に分かれていた。内廷中央には壮麗な後三宮が作られた。皇帝のための乾清宮、皇后のための坤寧宮、そして冊立の儀式を行う中央の交泰殿である。

1644年北方の満州軍の助けを得た清朝に明朝は倒された。この動乱時に多くの建物が焼失し、その後すぐに満州のシャーマニズムが導入される。清

朝最後の皇帝溥儀は1912年の辛亥革命後も内廷に住むことを許されていた。しかしその後は紫禁城が中国の中枢となることはなく、1924年には国宝を保管する博物館に転用され故宮と呼ばれるようになった。中国が擁する多くの聖地とは異なり、紫禁城は1970年代の文化革命時もさほどダメージを受けなかった。これは主に周恩来首相が紫禁城を守るべく大軍勢を送ったからだ。現在、世界中から何百万という人々が訪れる。

紫禁城における乾清宮、交泰殿、そして中央の坤寧宮の図。

索 引

か

さ

た

な

は

ま

や

ら

わ

Acknowledgements

Publisher's Acknowledgements
Executive Editor: Sandra Rigby
Editor: Ruth Wiseall
Deputy Creative Director: Karen Sawyer
Designer: Sally Bond
Production Controller: Linda Parry
Picture Researcher: Jennifer Veall

Picture Credits
Alamy/amphotos 247; /Vito Arcomano 252-253; /Yoko Aziz 227; /David Ball 151; /Walter Bibikow/Jon Arnold Images Ltd. 330; /blickwinkel/Hummel 382; /Christophe Boisvieux/Hemis 251; /Charles Bowman/Robert Harding Picture Library 118-119; /Bill Brooks 21, 114; /John Brown 261; /Gary Cook 209; /Derek Croucher 145; /DK 166-167; /Bart Elder 30; /John Elk III 78-79, 104; /Clint Farlinger 6, 23; /Peter Forsberg 74; /Silvana Guilhermino/imagebroker 177; /Bill Heinsohn 211; /Gavin Hellier 355; /Gavin Hellier/Jon Arnold Images Ltd. 13, 14, 40, 225; /Idealink Photography 192-193; /imagebroker 140-141; /Images & Stories 72; /Interfoto 206; /Jon Arnold Images Ltd. 342; /Norma Joseph 317; /JTB Photo Communications, Inc. 301; /Art Kowalsky 371; /Bernd Kröger/INSADCO Photography 275; /Vincent Lowe 122-123; /David Lyons 132-133; /Alain Machet 42; /Oleksiy Maksymenko 367; /Terry Mathews ¦82-83; /Rod McLean 297; /Megapress 384-385; /nagelestock.com 8, 84; /Charlie Newham 322; /Martin Norris 376; /offiwent.com 26-27; /PhotosIndia.com RM 17 12, 266; /pictureproject 7, 100-101; /Paul Prescott 268-269; /Rolf Richardson 240; /Ghigo Roli/CuboImages srl 186-187; /David Sanger Photography 203; /Darby Sawchuk 372; /Ingo Schulz/imagebroker 18; /Charles Stirling (Travel) 159; /Egmont Strigl/imagebroker 77; /scenicireland.com/Christopher Hill Photographic 112; /Keren Su/China Span 10, 155; /SuperStock 386; /The National Trust Photolibrary 103; /Eric Tormey 109; /Travelpix 90-91; /Ariadne Van Zandbergen 184-185; /Jochem Wijnands/Picture Contact 258; /Andrew Woodley 168-169; /Tengku Mohd Yusof 237.Corbis/Alan Abraham 164-165; /Jon Arnold/JAI 283; /Yann Arthus-Bertrand 29; /Atlantide Phototravel 156-157, 178-179; /Edwin Baker/Cordaiy Photo Library Ltd. 215;/Tiziana and Gianni Baldizzone 205; /Fernando Bengoechea/Beateworks 338; /Tibor Bognar 349; /Nelly Boyd/Robert Harding World Imagery 229; /Richard A. Cooke 116-117; /Fridmar Damm 273; /James Davis/Eye Ubiquitous 337; /Destinations 106-107, 148; /Michele Falzone/JAI 152; /Werner Forman 340; /Michael Freeman 35, 54; /Lee Frost/Robert Harding World Imagery 138-139, 146-147; /Mark E. Gibson 318; /Philippe Giraud 96-97; /Martin Harvey 11, 284- 285; /Dallas and John Heaton/Free Agents Limited 311; /Chris Hellier 62; /Angelo Hornak 278; /Rob Howard 160; /Image Source 375; /Hanan Isachar 182; /Ladislav Janicek 313; /Andrea Jemolo 189; /Ed Kashi 335; /Bob Krist 71; /Michael S. Lewis 212; /Bruno Morandi/Hemis 347; /Nabil Mounzer/epa 4, 234-235; /Michael Nicholson 288, 308; /R H Productions/Robert Harding World Imagery 306; /Robert Harding World Imagery 1, 350, 352-353; /Joel W. Rogers 80-81; /Galen Rowell 39; /Frédéric Soltan 46-47, 362-363; /Frédéric Soltan/Sygma 249; /STR/epa 233; /Paul Thompson 298; /Stefano Torrione/Hemis 2, 137; /Vanni Archive 356; /Francesco Venturi 358-359; /Steven Vidler/Eurasia Press 134-135; /Roger Wood 190; /Adam Woolfitt 126; /Alison Wright 66, 287. Fotolia/Evgenia 194-195, 220-221; /iofoto 36-37;/Liubov Kinyaeva 314; /Karin Lau 142; /Luis Santos 174-175-175; /David Woolfenden 24.Getty Images/AFP 50; /DEA/G. Dagli Orti 326; /Imagno 69; /Courtney Milne 94; /SuperStock 219; /Qassem Zein/AFP 257.OnAsia/Sanjit Das 222. Photolibrary/Channi Anand 265; /Jon Arnold 32; /Atlantide SN.C. 58;
/Stefan Auth 216; /Gonzalo Azumendi 292; /Bhaswaran Bhattacharya 255; /Alan Bailey 360; /Dennis Cox 239; /J. D. Dallet 88; /DEA/N Cirani 329; /Thien Do 345; /Roger Hagadone 276; /ImageSource 242; /Inti St Clair 53; /JTB Photo 9, 48; /Tono Labra 196-197; /Maurice Lee 369; /Ted Mead 99; /Brigitte Merz/LOOK-foto 364; /Matz Sjoberg 16-17; /SuperStock 321; /The Irish Image Collection 280; /Yoshio Tomii 230; /Yoshio Tomii Photo Studio 111; /Steve Vidler 44-45, 61, 65, 171. wisebrownfox, Australia 92-93

Cover photography: front, below left, Tony Craddock/Corbis;
above left, MaxTopchii/Fotolia; above centre, Mike F/Fotolia;
below right, Sumnersgraphicsinc/Dreamstime.com; below
centre, Martin Gray/Getty Images;centre, Yann Arthus-
Bertrand/Corbis; back, Skyscan/Corbis

ガイアブックスは
地球《ガイア》の自然環境を守ると同時に
心と体内の自然を保つべく
“ナチュラルライフ”を提唱していきます。

The Sacred Sites Bible
世界の聖地バイブル

発　　行　2011年2月1日
発 行 者　平野　陽三
発 行 元　ガイアブックス
〒169-0074 東京都新宿区北新宿3-14-8
TEL.03(3366)1411　FAX.03(3366)3503
http://www.gaiajapan.co.jp
発 売 元　産調出版株式会社

ISBN978-4-88282-780-1 C0025

Printed in China

著　者：アンソニー・テイラー
(Anthony Taylor)
マインド・ボディ・スピリットの分野に精通している作家。集団的な目覚めを推し進める世界的組織「Alliance for Lucid Living」のディレクターでもある。世界中のあらゆるスピリチュアル文化の権威としても知られ、『マインド・ボディ・スピリット大全』(産調出版)の制作にも携わる。ウェブサイトは、www.anthonyjtaylor.com。

翻訳者：鈴木宏子(すずき ひろこ)
東北学院大学文学部英文学科卒業。訳書に『マインド・ボディ・スピリット大全』(共訳)、『エンジェルバイブル』『建築物を読みとく鍵』(いずれも産調出版)など多数。

An Hachette UK Company
www.hachette.co.uk

First published in Great Britain in 2010 by Godsfield, a division of Octopus Publishing Group Ltd